Intelligence artificielle
Que faire de la transparence technique ?

Intelligence artificielle
Que faire de la transparence technique ?

Sous la direction de
Tyler Reigeluth et de Seddik Benlaksira

Emmanuel Alloa
Seddik Benlaksira
Thomas Berns
Benoît Duchemann
Tyler Reigeluth
Églantine Schmitt
Peggy Touvet
Michael Wheeler

Directrice de publication : Marlène Jouan

PISTES
REVUE DE PHILOSOPHIE CONTEMPORAINE
N° 2 – 2022

Institut de Philosophie de Grenoble
Université Grenoble Alpes,
Bat. ARSH 2, Domaine universitaire, 38040 Grenoble cedex 9

Imprimé en France

ISBN 978-2-7116-8426-7

PISTES, REVUE DE PHILOSOPHIE CONTEMPORAINE 2 (2022)
124 P., ISBN : 978-2-7116-8426-7, P. 7-11, VRIN.

Introduction

« Que faire de la transparence technique ? »

Le présent dossier regroupe des textes qui ont connu une première forme comme contributions au colloque international organisé par la chaire « éthique & IA » à l'Université Grenoble-Alpes en octobre 2020 [1]. À partir de perspectives théoriques, de domaines d'enquête et de disciplines diverses, les études ici proposées se donnent pour ambition commune de répondre à la question : « Intelligence Artificielle : que faire de la transparence ? » Il s'agit de réfléchir à un certain nombre de défis et d'enjeux d'ordre épistémologiques, normatifs et empiriques posés par les systèmes algorithmiques dits « intelligents » ou « apprenants » qui participent activement à une pluralité de pratiques sociales (reconnaissance faciale, dépistage de cancers, évaluation du crédit, recommandation de contenus culturels, etc.) et dont les fonctionnements semblent se soustraire, du moins en partie, à la connaissance et au contrôle de leurs concepteurs ou leurs utilisateurs humains. Ce glissement vaut à ces technologies une série de critiques de leur opacité grandissante ainsi que des appels pour davantage de transparence quant à leur conception, leur fonctionnement et leurs finalités. Mais outre l'omniprésence du terme et sa mobilisation tous azimuts, il n'est pas

1. La chaire de recherche « éthique & IA » est abritée par l'Institut de Philosophie de Grenoble et son responsable scientifique est Thierry Ménissier. Elle est soutenue par l'institut pluridisciplinaire en intelligence artificielle MIAI@Grenoble Alpes (ANR-19-P3IA-0003). https://www.ethics-ai.fr/.

clair que l'on sache exactement de quoi cette transparence est faite ni pourquoi on devrait tant la réclamer, ni même pourquoi elle serait une qualité nécessaire et intrinsèque de tout dispositif technique.

Il semblerait qu'on soit face à une double transparence, caractérisée par une tension encore peu ou faiblement problématisée. D'une part, les systèmes algorithmiques apprenants (*machine learning*) avec lesquels nous interagissons dans un nombre croissant de domaines sont encore largement conçus selon un idéal de transparence que l'on pourrait qualifier de *phénoménologique*. De ce point de vue, l'objet technique qui fonctionne normalement, qui remplit sa fonction, est celui qui s'efface dans l'action, qui disparaît du champ de perception immédiat pour ouvrir des possibilités d'action amplifiées. Ainsi, nous n'avons pas conscience du crayon lorsque nous écrivons normalement mais uniquement lorsque la mine se brise ; de même les lunettes de vue ne sont perceptibles qu'à partir du moment où elles présentent une anomalie qui gêne la vue normale. Cette logique est massivement transposée au niveau du *design* de systèmes algorithmiques qui soient ergonomiques et *user-friendly*. L'objet technique est censé être aussi discret que possible, voire invisible, c'est-à-dire que l'on doit pouvoir voir à travers lorsque nous agissons avec lui. On retrouve cette logique à l'œuvre dans le célèbre PageRank de Google qui demande explicitement aux éditeurs de contenus de ne pas prendre en compte les critères de l'algorithme dans leurs publications, de faire comme s'ils agissaient « naturellement ». La même logique se rejoue sur les plateformes comme YouTube, Amazon ou Netflix dont l'action de recommandation est censée être aussi fluide et imperceptible que possible. La question est de savoir si le critère normatif mis en avant par le paradigme de la transparence phénoménologique est réellement transférable ou même désirable lorsqu'il s'agit d'objets techniques qui ne sont pas de simples instruments pour nos sens et nos organes, mais des systèmes faisant preuve d'une certaine autonomie et inventivité normative, dans la mesure où leurs comportements participent à transformer les pratiques sociales dans lesquelles ils sont déployés. En d'autres termes, on est en droit de se demander si l'enjeu majeur ne consiste pas plutôt, à rebours de cette première tendance, à rendre les systèmes techniques *aussi perceptibles que possible*, ou du moins à repenser la manière dont ils se rendent présents à nous et les manières dont nous les éprouvons dans l'action.

D'autre part, les critiques – provenant pour la plupart des sciences humaines et sociales ou de la théorie du droit – préconisent que les effets normatifs produits par ces systèmes (biais, discriminations, etc.) soient rendus lisibles et transparents, dans un mode de gouvernement faisant la part belle à la reddition des comptes (*accountability*). Toutefois, rien ne nous dit qu'une telle exigence soit suffisante pour gouverner la complexité de ces systèmes techniques, qu'elle nous permette d'accéder à une vérité plus profonde que celle qui se joue dans les effets normatifs (bien réels au demeurant) qu'ils produisent. Le paradoxe de la plupart de ces critiques « sociales » est qu'elles reproduisent une idée de transparence des états cognitifs, mise en avant par certaines approches des sciences cognitives et neurologiques, selon laquelle il existerait une correspondance observable entre un comportement et un état cognitif cérébral. Or, lorsque les ingénieurs qui programment ces algorithmes ont eux-mêmes du mal à rendre compte précisément des raisons pour lesquelles les systèmes algorithmiques ont produit telle ou telle sortie problématique sur le plan social ou éthique, la question se pose de savoir si le fait de pouvoir « ouvrir la boîte noire » servira à quelque chose. Et quand bien même cela serait utile, voire nécessaire, il n'est pas certain que cela soit *suffisant* pour gouverner ces systèmes. En effet, en tant que mode de gouvernement, la transparence pose une série de difficultés et de limites qu'il s'agit de penser : surcharge informationnelle, règne de l'expertise, mise à plat et indistinction des enjeux politiques, difficulté à cerner le public concerné par la transparence, sur-responsabilisation des ressources et compétences individuelles à décoder l'information.

Ainsi la transparence est mobilisée aussi bien comme critère d'un *design* réussi des systèmes algorithmiques que comme critère critique pour remettre en cause les choix et effets normatifs qui président à et résultent de leur fonctionnement. Les présentes contribuions cherchent, chacune à leur manière et depuis leur ancrage disciplinaire, à questionner cette relation entre transparence et technique, débordant souvent du domaine de l'algorithmique intelligente.

En un sens, la (sur)valorisation contemporaine de la transparence, symptôme réactif de sa crise ou sa mise en danger par les dispositifs techniques qui sont justement censés en être les parangons ou les garants, puise une de ses sources plus profondes dans l'histoire de la machine comme métaphore politique. En effet, à travers l'histoire de la pensée politique occidentale moderne, la technique est généralement réduite à une forme de discours rationnel en acte ou comme un instrument disponible à l'exercice de la raison. Ceci implique que la technique soit régulièrement pensée comme l'opération où savoir et pouvoir s'articulent, se coordonnent, se prouvent l'un et l'autre dans leur efficacité. Selon cette conjonction que l'on peut rapidement qualifier de cartésienne, il s'ensuit qu'un défaut de connaissance de la technique, indiquerait nécessairement une perte de contrôle sur elle – potentialité qui hante la pensée politique moderne comme un spectre[2]. Comme souligné par le penseur politique Yaron Ezrahi, l'agir instrumental et technique a progressivement incarné un idéal de pouvoir dépersonnalisé et bien réglé, un ordre bureaucratique empêchant l'exercice arbitraire du pouvoir alors que la théâtralité du pouvoir de la Renaissance deviendra l'objet de suspicions et le signe d'un secret stratégique.

> Le sens politique de l'agir technique dans le champ d'action démocratique repose précisément dans la supposée anti-théatralité de la technologie[3].

Au pouvoir comme régime de visibilité reposant sur la mise en scène, se substitue un pouvoir dont tout serait d'emblée visible. La machine est alors le modèle de lisibilité d'un pouvoir auquel il est toujours possible de demander des comptes, car chaque opération à sa raison d'être, chaque ordre sa place dans une logique transparente à elle-même. Il n'est dès lors pas surprenant de voir que des machines dont les fonctionnements ne seraient pas parfaitement transparents suscitent un certain malaise politique, pour ne pas dire un vertige ontologique : comment une machine pourrait-elle être

2. Winner, L., *Autonomous Technology. Technics-out-of-control as a Theme in Political Thought*, Cambridge, The MIT Press, 1977.

3. Ezrahi, Y., « Technology and the Civil Epistemology of Democracy », *in* A. Feenberg & A. Hannay (dir.), *Technology and the Politics of Knowledge*, Indianapolis, Indiana University Press, 1995, p. 162.

obscure alors qu'elle est censée être l'idéal du contraire ? L'intention de ce dossier est de penser ce malaise et ce vertige sous ses différents angles, sans succomber à la tentation de les prendre pour autre chose que les signes d'une certaine représentation de la technique. Il ne s'agit donc pas ici de balayer la transparence comme catégorie normative et épistémologique mais plutôt de penser ses abords, ses zones de flou et d'indistinction en pariant que sa mobilisation massive, mais souvent irréfléchie ou injustifiée, nous dise quelque chose de plus souterrain sur les manières qu'a la technique de lier savoir et pouvoir.

Tyler REIGELUTH
Université Catholique de Lille,
ETHICS EA 7446

PISTES, REVUE DE PHILOSOPHIE CONTEMPORAINE 2 (2022)
124 P., ISBN : 978-2-7116-8426-7, P. 13-29, VRIN.

Entre la transparence et l'intrusion des machines intelligentes

Michael WHEELER [1]

RÉSUMÉ

Les machines intelligentes sont des dispositifs équipés d'une application d'intelligence artificielle. Certaines d'entre elles fonctionnent en relation étroite avec des utilisateurs humains, au sein de boucles humain-technologie-monde. Cet article propose d'explorer le paysage phénoménologique qui accompagne ce type de machines intelligentes. S'appuyant principalement sur les analyses heideggériennes des rencontres quotidiennes avec l'équipement, il dresse la cartographie de deux phénomènes, la *transparence* et l'*intrusion,* qui, prises ensemble, donnent forme à ce paysage. Ainsi, la transparence caractérise la manipulation habile et sans accrocs d'un dispositif qui *disparait de* l'expérience consciente de l'utilisateur qui *voit à travers* lui.

1. Un grand merci aux participants à Grenoble et à Stirling, ainsi qu'à Microsoft Research à Cambridge, pour les échanges passionnants sur les idées présentées ici. Certains courts passages du texte ont été adaptés et révisés de Cappuccio, M. & Wheeler, M., « When the twain meet : Could the study of mind be a meeting of minds », *in* J. Chase, E. Mares, J. Reynolds & J. Williams (dir.), *Postanalytic and Metacontinental : Crossing Philosophical Divides*, London, Continuum, 2010 ; de Wheeler, M., « The Reappearing Tool : Transparency, Smart Technology, and the Extended Mind », *AI & Society*, 34, 2019, p. 857-866 ; et *id.*, « Autonomy », *in* M. D. Dubber, F. Pasquale & S. Das (dir.), *Oxford Handbook of Ethics of AI*, Oxford, OUP, 2020, p. 343-358.

En ce sens, les machines intelligentes peuvent parfois être transparentes. L'intrusion, au contraire, se produit lorsqu'un dispositif apparaît dans notre expérience : plus il est intrusif, plus nous devons le prendre en considération. Une fois caractérisés, ces phénomènes laissent apparaitre un problème de design/conception aux implications sociales significatives. La transparence dans l'usage est souvent perçue comme la marque d'un design réussi. Cependant, des arguments convaincants soulignent que des machines intelligentes peuvent parfois opérer des classifications qui divergent du jugement de l'utilisateur. De fait, dans les conditions de transparence, l'activité de l'utilisateur pourrait être affectée par ces classifications, sans que celui-ci ne s'en rende compte. Ainsi, dans ce développement est apportée une amorce de réponse à ce problème, qui nous invite à appréhender les machines intelligentes dans une zone qui se situe *entre* la transparence et l'intrusion.

Mots-clés : intelligence artificielle ; apprentissage profond (*deep learning*) ; transparence phénoménologique ; usage habile d'outils ; design utilisateur-interface.

INTRODUCTION

Les machines intelligentes sont, tel que j'utilise le terme ici, celles qui embarquent une application d'intelligence artificielle (IA). Certaines sont des exemples d'IA autonomes, ces innovations médiatisées comme les voitures ou les systèmes d'armements autonomes qui, en situation normale, fonctionnent indépendamment de l'utilisateur humain. En contraste, d'autres machines intelligentes – nombre d'applications mobiles ou de programmes d'aide à la décision financière augmentés par une IA – fonctionnent en couplage serré avec l'utilisateur humain au sein de boucles humain-technologie-monde.

Dans ce qui suit, je compte explorer ce que l'on pourrait appeler le paysage phénoménologique sur lequel les machines intelligentes du deuxième genre se dressent. J'ai déjà sillonné certaines parties de ce paysage dans d'autres contributions et bien que je reprenne ces travaux dans les grandes lignes, certains arguments et analyses sont déployés ici avec d'importantes différences. Mes objectifs sont : 1) de cartographier les phénomènes de la transparence et de l'intrusion dans la mesure où, pris ensemble, ils donnent forme au territoire en question ; 2) de me confronter à un cas de design problématique, avec d'importantes implications sociales ; et 3) de développer l'amorce d'une réponse à ce problème qui situe le rapport aux machines intelligentes dans un espace entre la transparence et l'intrusion. Commençons avec le phénomène de la transparence.

LA TRANSPARENCE

Que signifie une technique dite transparente ? Aux abords de la technique, il existe au moins deux sens légitimes au terme « transparent ». Dans son sens premier, un objet technique est transparent pour un individu ou groupe précis lorsque ces derniers sont capables d'en comprendre le fonctionnement interne. Ainsi, mon ordinateur est-il sans doute transparent pour des ingénieurs ou des informaticiens d'une manière qui ne l'est pas pour moi. Bien que cette notion de la transparence (et plus précisément le fait qu'elle ne s'applique qu'à une classe de technologies) articule un moment crucial de notre discussion, qui ne sera pas au centre de notre attention dans ce qui suit immédiatement. En revanche, nous allons davantage nous concentrer sur le second sens de la transparence, celui que l'on peut rattacher à des philosophes phénoménologiques tels que Martin Heidegger, Maurice Merleau-Ponty et plus récemment Hubert Dreyfus [2]. Il nous faudra plus de temps pour faire ressortir cette seconde signification.

Considérons l'usage quotidien d'un outil. Les philosophes mentionnés ci-dessus fournissent essentiellement tous le même récit de cette activité : quand un outil est manipulé sans accrocs avec une habileté experte, il *disparaît de,* ou est *invisible pour,* l'expérience consciente de son utilisateur. Pour le dire autrement, pendant l'usage sans entraves de l'outil, l'usager expert n'appréhende pas consciemment l'outil comme un objet indépendant, c'est-à-dire quelque chose identifié comme porteur d'états et de propriétés déterminés. Ce qui caractérise plutôt l'expérience de l'utilisatrice – ce dont elle a conscience pendant son activité experte de manière indéterminée et non-thématisée – est l'accomplissement fluide de sa tâche. En effet, l'utilisatrice voit *à travers* l'outil-en-usage (à travers l'outil en tant qu'objet) pour ne voir que la tâche en jeu (*task at hand*), raison pour laquelle il est identifié comme *transparent.* L'exemple sur-cité de Heidegger est celui du charpentier utilisant son marteau. Bien que consciente de manière non-thématisée de son activité de martelage, il ne reconnaît pas consciemment le marteau, les clous, la table de travail, comme on le ferait si on se tenait à distance pour les considérer en tant qu'objets [3].

Malgré tout ce que l'on pourrait encore dire de nos deux sens de la transparence, il devrait déjà être suffisamment clair qu'ils ne s'équivalent pas. D'un côté, un outil ou dispositif dont les états ou les mécanismes seraient compréhensibles pour un technicien qualifié peut faire l'objet de l'attention consciente de son utilisateur. D'un autre côté, un outil ou dispositif qui est invisible dans l'usage

2. Dreyfus, H. L., *Being-in-the-world : a commentary on Heidegger's Being and Time, Division I*, Cambridge (Mass.), MIT Press, 1990.

3. Heidegger, M., *Être et Temps* [1927], trad. fr. E. Martineau, Paris, Authentica, 1985 ; trad. angl. J. Macquarrie et E. Robinson, *Being and time*, Oxford, Basil Blackwell, 1962.

fluide peut se présenter de manière impénétrable à son utilisateur du point de vue de son fonctionnement interne. Dorénavant, lorsque je vise le sens phénoménologique du concept de transparence, j'écrirais simplement « transparence ». Lorsque je vise les cas où un individu ou un groupe sait précisément comment le dispositif fonctionne, j'écrirais « transparence au sens ouvert à la compréhension ».

Enfonçons-nous plus loin dans le phénomène de la transparence. Les outils sont typiquement considérés comme des objets techniques nous permettant de manipuler le monde de manière plus efficace que notre machinerie organique dénudée nous le permettrait. Sans être fausse, cette perspective risque d'obscurcir une dimension importante de l'interaction technique dans nos vies, dimension qui éclaircit davantage le phénomène de la transparence. Car la technique nous permet non seulement de manipuler le monde mais d'*accéder* au monde. Il n'y a rien d'inédit dans ce déplacement. Reprenons l'exemple fourni par Merleau-Ponty[4] d'une personne aveugle utilisant sa canne de manière habile pour naviguer dans le monde. En faisant un tel usage de la canne, cette personne fera certainement l'expérience caractéristique de la transparence technique. Aussi, dans ces conditions, elle en vient à manipuler le monde plus efficacement qu'autrement possible. Toutefois, le point saillant est que la canne lui permet de localiser les choses dans l'espace, c'est-à-dire d'accéder à son environnement. La canne se comporte ainsi comme la machinerie biologique qui, en conditions de fonctionnement adéquat, constitue les organes sensoriels biologiques de la personne. Une personne voyante ne fait pas l'expérience de ses yeux comme objets qui recueillent de l'information ; elle fait plutôt l'expérience du monde *à travers* ses yeux. On pourrait le dire ainsi : en conditions normales, l'interface expérientielle de la personne voyante ne se situe pas entre elle-même et ses yeux mais entre elle-même (ses yeux compris) et le monde spatial au-delà de ses yeux. De la même manière, dans les bonnes conditions – c'est-à-dire lorsque la cane est intégrée de façon fluide dans des cycles perceptivo-moteurs – l'interface expérientielle de la personne aveugle ne se positionne pas entre elle-même et sa canne mais entre

4. Merleau-Ponty, M., *Phénoménologie de la perception*, Paris, Gallimard, 1945.

elle-même (sa canne comprise) et le monde spatial au-delà de sa canne.

Il s'agit sans doute d'une question de goût quant à savoir si cette attention supplémentaire à la question de l'accès au monde implique : 1) une compréhension élargie de ce qui doit compter comme outil, ou comme manipulation ; ou alors 2) un changement plus général dans ce qu'il faut entendre par technique, au-delà de son rabattement sur l'outil. Toutefois, et qu'importe la façon dont on règle cette question, on peut observer que les marteaux et les cannes, bien qu'ils transforment le monde de leurs utilisateurs, demeurent des exemples plutôt frappants dans la banalité d'artefacts contemporains qui nous permettent de manipuler ou d'accéder au monde. Plusieurs exemples figureront dans la discussion qui suit mais déjà dans l'interaction sensorielle avec le monde on peut mentionner des technologies qui, soit, remplacent certains sens organiques défaillants en permettant une modalité sensorielle ordinairement prise en charge par une autre modalité sensorielle [5] ; soit investissent leurs utilisateurs de modalités sensorielles qui vont au-delà de notre équipement biologique ordinaire, tel que le dispositif *North Sense* qui, à travers un couplage physique intime, fait sentir à son « porteur » le nord magnétique (produit développé par l'entreprise *Cyborg Nest*) [6]. Plus généralement, on peut souligner pléthore de manières à travers lesquelles l'IA s'intègre dans notre usage quotidien de la technique en réalisant des tâches qui vont de la recherche internet à la détection de visage dans des photos, de la reconnaissance de commandes vocales à l'assistance de conduite automobile, en passant par des tâches qui guident les décisions financières ou les diagnostics médicaux, parmi tant d'autres encore.

5. Bach-y-Rita, P. & Kercel, S., « Sensory substitution and augmentation : incorporating humans-in-the-loop », *Intellectica*, 2/35, 2002, p. 287-297.

6. Emslie, K., « This artificial sixth sense helps humans orient themselves in the world », *Smithsonian Magazine*, published online, 2017, http://www.smithsonianmag.com/innovation/artificial-sixth-sense-helps-humans-orient-themselves-world-180961822/, consulté le 4 février 2020.

À ce stade, on serait sans doute tenté de se plaindre que, dans ces exemples, la notion de transparence ne s'applique pas. L'argument consisterait à dire : bien qu'il existe des preuves que des technologies d'augmentation sensorielle peuvent devenir transparentes à travers leur utilisation, le type de traitement d'informations opéré par ces technologies dans la boucle humain-monde ne compte pas, du moins pas intuitivement, comme cognitivement sophistiqué. Même si certains rapports d'utilisation du *North Sense* semblent indiquer un effacement du dispositif à travers son usage[7], le dispositif ne fait « rien d'autre » que vibrer lorsque son « porteur » est orienté vers le nord magnétique, et il n'est pas étonnant que des vibrations dermiques arrêtent d'être conscientisées dès que le dispositif a été porté pendant un temps. Cependant, en poursuivant l'argument, si on considère l'intégration de machines intelligentes dans la boucle humain-monde – c'est-à-dire des applications capables d'exploits d'inférence ou de raisonnement au sein de cette boucle – on aura tendance à juger leur activité par rapport à la nôtre comme étant d'ordre intelligente ou (en poussant le trait) cognitive. Il en résulte que ces dispositifs et applications ne disparaitront pas à travers l'usage. En un mot : contrairement aux marteaux, les machines intelligentes ne se prêtent pas à la transparence.

Il est difficile de savoir si la dernière étape de cet argument à une quelconque robustesse. Tout d'abord, il ne va pas de soi que le simple fait qu'une application technologique soit cognitivement sophistiquée suffise pour qu'elle ne devienne pas transparente. Usons une fois encore de l'analogie avec le cerveau organique. S'il y a bien un acquis de la psychologie cognitive c'est que nous demeurons inconscients des multiples opérations cérébrales de catégorisation, d'inférence et de raisonnement qui sous-tendent nos capacités cognitives avancées. Dès lors il ne serait pas exagéré de soutenir que notre cerveau nous est transparent dans de nombreux exemples de performances psychologiques sans accrocs. Bien entendu, la critique présentée au paragraphe précédent pourrait rétorquer que de tels processus psychologiques inconscients se déroulent à « l'intérieur » de la frontière perception-action alors que

7. Wheeler, M., « The Reappearing Tool : Transparency, Smart Technology, and the Extended Mind », art. cit.

les applications de nos dispositifs intelligents sont à « l'extérieur » de cette frontière, ce qui signifie que nous y accédons différemment, notamment avec nos yeux, nos oreilles et ainsi de suite. Mais, comme nous l'avons appris du marteau qui disparait dans l'action, le simple fait d'être à l'extérieur de cette frontière ne suffit pas en tant que tel à empêcher la transparence.

Ce ne sont là que les premiers déplacements dans ce qui pourrait devenir un débat prolongé mais pour l'instant la question demeure ouverte quant à savoir si toute technologie intelligente résisterait nécessairement au phénomène de la transparence. Il existe une possibilité réelle que certains exemples de technologies intelligentes susciteront cette transparence lorsqu'elles sont utilisées habilement. Et cela nous suffit, dans la mesure où la transparence des machines intelligentes est digne d'une investigation, surtout compte tenu de certaines inquiétudes que je vais identifier. Avant d'y venir, complétons notre parcours du paysage phénoménologique.

DE LA TRANSPARENCE À L'INTRUSION

Il semble aller de soi que lorsqu'il s'agit de l'éventail des manières dont nous faisons l'expérience de la technique, que ce soit des outils idiots ou des machines intelligentes, la transparence n'est certainement pas le seul enjeu. Revenons un instant à Heidegger.

De manière célèbre, Heidegger a qualifié la transparence des outils dans leur utilisation par le terme « à-la-portée-de-la-main » (*Das Zuhandene*). Juxtaposé à ce terme, il y a deux autres manières dont nous faisons l'expérience d'étants, à savoir ceux qui sont « non-à-la-portée-de-la-main » ou « inutilisable » (*Dans Unzuhanden*) et ceux qui sont « sous-la-main » ou « là-devant » (*Das Vorhandene*). En commençant par le dernier terme, les étants émergent comme là-devant lorsque nous les objectivons avec nos sciences naturelles dans une démarche purement réflexive ou philosophique. Dans ces cas, les entités en question ne sont pas comprises à travers notre activité pratique et ne sont plus transparentes. Elles se présentent comme des objets indépendants à notre appréhension consciente, comme les porteurs de certaines propriétés mesurables ou déterminés (la taille en mètres, le poids en kilos, etc.). *Entre* ce qui est « à-la-portée-de-la-main » et ce qui est « là-devant » vient ce qui est

« inutilisable », un phénomène qui survient lorsque le cours d'une activité pratique est perturbé, entre autres par la casse ou le dysfonctionnement de l'outil. Tout comme pour les entités là-devant, les entités inutilisables ne sont plus transparentes. Cependant, elles ne sont pas pour autant entièrement là devant. Un conducteur n'envisage pas un pneu crevé comme un tas de caoutchouc avec une masse mesurable mais comme un équipement endommagé. En fait, la catégorie des étants inutilisables semble comprendre une gamme de situations allant de celles où nous ajustons notre pratique insensiblement et habilement face à une perturbation dont nous sommes à peine conscients, ce qui nous place à la limite de ce qui est à-la-portée-de-la-main, jusqu'aux situations où nous déployons explicitement un savoir théorique afin de rétablir le fonctionnement d'un dispositif, ce qui nous place à la limite de ce qui est là-devant. Comparons ainsi le cas d'une conductrice experte qui ajusterait sa conduite pour compenser les effets d'un embrayage légèrement défectueux à celui d'un mécanicien qualifié et expérimenté qui doit poser un diagnostic sur un problème de moteur récalcitrant. La gamme des situations traversée par l'inutilisable peut se caractériser par une augmentation de l'*intrusion* dans notre expérience. Autrement dit, plus une technologie est intrusive, plus elle demande réflexion.

Et alors ? Dans des domaines comme la conception d'interfaces (*interface design*), la transparence est devenue la marque d'un design réussi, ce que les designers devraient viser. En contraste, l'intrusion, telle qu'exemplifiée par le versant plus disruptif de l'inutilisable, est souvent considérée comme étant à la fois quelque chose qu'il faut éviter et la marque d'un mauvais design. Pour ne prendre que deux illustrations, on voit ce cadre normatif à l'œuvre derrière le titre du livre influent de Steve Krug, *Don't Make Me Think*[8] et de manière plus large, derrière la remarque suivante du philosophe Alva Noë :

> On ne se demande jamais ce qu'est une poignée de porte lorsqu'on y est confronté. Le fait même que la question se pose signifie que l'utilité de la poignée a été compromise. Si on remarque une poignée, c'est potentiellement l'effet d'un mauvais design[9].

8. Krug, S., *Don't make me think : a common sense approach to the web*, USA, New Riders Publishing, 2005 (2 e éd.).

9. Noë, A., *Strange tools : Art and human nature*, New York, Hill and Wang, 2015, p. 101.

Cela indique que l'intrusion, en tant que phénomène, n'est pas directement équivalente au fait d'être cassé ou au dysfonctionnement. Un dispositif conçu de manière à s'immiscer dans notre conscience pendant son utilisation, n'est pas forcément en train de dysfonctionner. Nonobstant, convoquer la conception heideggérienne du cassé et du dysfonctionnant reste utile pour comprendre l'intrusion comme le signe que les choses pourraient aller mieux. Aussi, tout comme l'amélioration apportée par la réparation du dispositif passerait, dans le cadre heideggérien, par le rétablissement de sa transparence, la même transition phénoménologique témoignerait d'une amélioration dans le design d'un dispositif intrusif mais fonctionnant correctement. Pour reprendre l'exemple de Noë, la poignée de porte est mieux conçue lorsqu'elle est moins intrusive.

Le raisonnement qui vient d'être répété charrie indubitablement un certain élan. Cependant, il y a raison de croire qu'il faille le questionner voire y résister, du moins quand nous regardons les machines intelligentes. Envisageons une classe de systèmes IA appelée réseaux d'apprentissage profond (*deep learning networks*). Ces systèmes déploient plusieurs couches de processeurs non-linéaires aux côtés d'algorithmes apprenants (supervisés ou non-supervisés) afin d'analyser des motifs ou de classifier, et ce en dérivant les caractéristiques d'ordre supérieur à partir de celles d'ordre inférieur pour construire des représentations hiérarchiques abstraites. Ces réseaux sont de plus en plus utilisés dans des contextes aussi différents que le reconnaissance faciale ou vocale, la détection de tremblements de terre, la prédiction de maladies cardiaques et le contrôle de voitures autonomes.

Comme démontré par Christian Szegedy *et al.*[10], les réseaux d'apprentissage profond sont systématiquement enclins aux *exemplaires adversairiaux*. Prenons un des exemples donnés par les auteurs : un réseau qui a réussi à trier un ensemble d'images en classes de « voitures » et de « non-voitures ». Les chercheurs ont ensuite généré des images de voitures minutieusement altérées à partir des données d'entraînement. De fait, les déformations sont

10. Szegedy, C., Zaremba, W., Sutskever, I., Bruna, J., Erhan, D., Goodfellow, I., & Fergus, R., « Intriguing Properties of Neural Networks », *arXiv : 1312.6199*, 2013.

invisibles à l'œil nu et les images apparaissent comme identiques à celles sur lesquelles le réseau est entrainé. On aurait pu s'attendre à ce que le réseau classifie « correctement » ces images comme « voitures ». Étonnement, il les a classifiés comme des « non-voitures », d'où leur statut d'*adversairial.* Une fois qu'on connait l'effet de ces *exemplaires*, on peut évidemment les intégrer aux données d'entrainement des réseaux, même si d'autres exemplaires pourront toujours surgir dans l'espace opérationnel, après ce travail de réentraînement.

La leçon générale à retenir des travaux de Szegedy *et al.* est que les réseaux d'apprentissage profond vont parfois diviser le monde de manières qui ne coïncident pas avec nos manières de le faire. Ceci constitue déjà un nœud dans la mesure où la capacité à produire des catégorisations fiables – plus précisément la division du monde en catégories actionnables et moralement congruentes (*e.g.* piétons ou non-piétons ; phénomène symptomatique ou non-symptomatique) – est de plus en plus au cœur de ce que nous exigeons de nos machines. En effet, dans le cas d'une IA autonome (*e.g.* d'une voiture dont la conduite n'est pas surveillée de manière continue par un humain), cela pose directement la question de savoir si nous devrions nous sentir à l'aise de céder le contrôle à ces systèmes et ce de manière totalement indépendante [11]. Toutefois, l'enjeu qui occupe mon développement rejailli si on prend au sérieux le fait que les machines intelligentes peuvent souvent apparaitre comme transparente dans : 1) des applications d'IA comme les réseaux d'apprentissage profond embarqués ; et 2) les opérations de ces applications qui s'intègrent insensiblement et fluidement à l'activité en cours.

Pour donner corps à ces considérations, prenons l'iCart, un chariot de supermarché avec un affichage intégré à son guidon. Cette application a réussi à produire des modifications de comportements chez les consommateurs en leur fournissant de simples informations nutritionnelles, notamment en indiquant à quelle catégorie de santé un produit correspondait [12]. Imaginons maintenant une iCart hypothétique de nouvelle génération douée d'une version d'apprentissage profond qui aurait appris les

11. Wheeler. M., « Autonomy », art. cit.

12. Katsikopoulos, K. V., & Fasolo, B., « New tools for decision analysts », *IEEE Transactions on Systems, Man and Cybernetics A*, 36, 2006, p. 960-967.

classifications au cours d'un entraînement. Sur la base des recherches susmentionnées, il semble tout à fait probable que notre application produira parfois des classifications qui divergeront de celles produites par l'utilisateur. Supposons que l'information nutritionnelle est affichée par un simple système de code couleur. Cela faciliterait son intégration dans le cycle perceptivo-moteur de l'utilisateur et établirait, de fait, les conditions de transparence. Le comportement du consommateur finirait alors par être affecté par les classifications divergentes du réseau sans qu'il s'en aperçoive.

Le point général est que notre activité peut être influencée (*nudged*), voire par extension déterminée par les classifications divergentes de réseaux d'apprentissage profond sans que cela soit perçu par notre conscience délibérative ou du moins pas avant que cela ne soit trop tard pour pallier leurs effets. Bien entendu, ce risque en relation avec un iCart nouvelle génération apparaît comme relativement anecdotique : le consommateur achèterait simplement des produits ayant une certaine valeur nutritionnelle. Cependant, étant donné le type de scénarios moralement tendus dans lesquels nous faisons opérer des IA aux côtés d'utilisateurs humains, les cas les plus inquiétants restent à venir.

On pourrait croire que la correction évidente à cette pente glissante serait d'abandonner l'identification de la transparence au bon design. Mais cela est plus facilement dit que fait, surtout dans certains contextes où nous attendons des machines intelligentes qu'elles suppléent notre activité cognitive. Pour y voir plus clair référons-nous aux travaux récents de Leon Reicherts et Yvonne Rogers [13]. L'application *Tableau* est un outil d'analyse de données permettant à l'utilisateur lambda de produire des analyses complexes en générant des visualisations de données en quelques clics. Son interface ergonomique suggère que *Tableau* est plutôt transparent, ce qui conforte *a priori* l'approche classique. Toutefois un problème surgit quand on sait que *Tableau* permet à l'utilisateur de générer n'importe quelle visualisation qui est cohérente avec le type de données analysées. Cela soulève la question de comprendre comment l'utilisateur lambda est censé savoir quel type de

13. Reicherts, L., & Rogers, Y, « Do make me think! How CUIs can support cognitive processes », *Proceedings of CUI '20 : 2nd Conference on Conversational User Interfaces*, 2020, DOI : 10.1145/3405755.3406157.

visualisation serait la plus éclairante dans un cas donné. En utilisant le paradigme « Magicien d'Oz » (où les sujets pensent interagir avec un dispositif autonome, alors qu'ils interagissent en réalité avec un humain caché), Reicherts et Rogers ont introduit une interface d'utilisateurs conversationnelle (CUI) en langage naturel qui les incitait et guidait dans leurs choix de visualisation. Reicherts et Rogers sont arrivés à la conclusion générale que les interfaces d'utilisateurs graphiques (comme l'interface standard de *Tableau*) sont pertinentes lorsque ceux-ci savent ce qu'ils cherchent, ou sont familiers avec cette tâche, tandis que les CUI sont pertinents lorsque l'espace analytique est « new to the user, ill-structured, open-ended or exploratory »[14].

Qu'est-ce que cela apporte à mon enquête ? Il est plausible que le CUI développé par Reicherts et Rogers se présenterait comme phénoménologiquement intrusif. En effet, il semblerait que son fonctionnement repose sur la disruption des clics fluides de l'utilisateur. Ainsi compris, leur étude montre qu'il existe des types de problèmes à résoudre pour lesquels un bon design serait intrusif. En même temps, elle suggère aussi qu'il existe de nombreux types de problèmes pour lesquels la transparence demeure l'étalon-or. Cela présente une difficulté de taille lorsqu'on déploie des reseaux d'apprentissage profond pour résoudre le second type de problèmes, car elle fait coïncider les classifications divergentes et la transparence. Quiconque s'inquiète d'une telle coïncidence aurait certainement envie de réclamer que les interfaces soient rendues intrusives précisément à cause du risque des classifications divergentes. Toutefois, les impressionnants et indiscutables succès de réseaux d'apprentissage profond devançant régulièrement les experts humains dans plusieurs domaines[15] rendent ces réclamations plutôt vaines. Dans un dernier retournement, c'est ici que la transparence au sens ouvert à la compréhension, souligné au début, devient pertinente. Effectivement, il est largement reconnu qu'en dépit de la connaissance que nous pouvons avoir des algorithmes d'apprentissage profond, les raisons pour lesquelles ils ont produit telle ou telle

14. *Ibid.*, p. 1.

15. Metz, C., « Google's AI wins fifth and final game against go genius Lee Sedol », *Wired*, 15 mars 2016, https://www.wired.com/2016/03/googles-ai-wins-fifth-final-game-go-genius-lee-sedol/, consulté le 4 février 2020.

décision (c'est-à-dire les principes qui guident leurs classifications en acte) demeurent opaques. On comprend toute l'agitation récente autour de l'explicabilité de l'IA. Dès lors, il n'est pas évident qu'il serait possible, pour une certaine classe de systèmes techniques, de concevoir une interface qui serait intrusive au sens où le fonctionnement du système serait explicité et ainsi disponible à la conscience délibérative pour une évaluation réflexive et critique.

En mettant de côté cette dernière préoccupation, voici une suggestion. Jusqu'à présent, nous travaillons implicitement avec la présomption que la transparence et l'intrusion se présenteraient comme une dichotomie au sein de laquelle les dispositifs intelligents devraient pouvoir se ranger d'un côté ou de l'autre. Or cela n'est pas la situation dans laquelle l'analyse phénoménologique de Heidegger nous a laissés. Entre la transparence (à-la-portée-de-la-main) et l'intrusion (le versant disruptif du non-à-la-portée-de-la-main) se glissent des cas qui sollicitent notre attention consciente sans impliquer la décomposition de notre engagement dans le monde (le versant non-disruptif du non-à-la-portée-de-la-main). Ces cas entre-deux sont caractérisés par le fait que l'absence de transparence n'implique pas de disruption (conséquente) dans l'usage habile d'une technologie donnée. Peut-être est-ce cela qu'il faudrait viser dans le design de nos dispositifs intelligents, du moins parfois. Appelons cela la zone idéale (*sweet spot*) entre la transparence et l'intrusion. (Le terme « sweet spot » est une adaptation de Vaiva Kalnikaite *et al.*[16] ; j'y reviens plus en avant). La présence et le fonctionnement des dispositifs intelligents qui se trouveraient dans cette zone idéale ne s'inviteraient pas dans la conscience de manière à engager une évaluation critique sur leurs potentiels effets discriminatoires en relation avec notre perception du monde. Néanmoins, ils continueraient à échafauder notre activité en cours. Certes, cette idée demeure spéculative et sous-déterminée mais dans la prochaine et dernière partie je présente certaines hypothèses qui pourraient soutenir une analyse plus développée.

16. Kalnikaitė, V., Bird, J., & Rogers, Y., « Decision-making in the aisles : informing, overwhelming or nudging supermarket shoppers ? », *Personal and Ubiquitous Computing*, 17, 2013, p. 1247-1259.

À LA RECHERCHE DE LA ZONE IDÉALE

Une fois encore je vais suivre les indices laissés par Heidegger et en particulier son traitement de la façon dont une activité habile et sans accros peut être médiée par des *signes*. Selon Heidegger, les signes ont une fonction indicative, consistant donc à moduler l'interaction pratique d'un agent avec son environnement. Un des exemples dont se sert Heidegger est le vent du sud [17]. Quand un agent appréhende le vent du sud avec une certaine attitude pratique, ce dernier devient un équipement précis permettant d'indiquer une possibilité de pluie. Cependant, comme le précise Heidegger, un signe est aussi « un outil qui rend un complexe d'outils expressément manifeste pour la circonspection, de telle manière que s'annonce du même coup la mondialité de l'à-portée-de-la-main » [18]. En d'autres termes, le vent-du-sud-comme-signe n'informe pas seulement la personne initiée à la météorologie qu'il pleuvra bientôt ; il la rend aussi consciente qu'elle devra activer d'autres compétences afin de faire face à ce changement météorologique. Le vent du sud est un signe naturel mais la même analyse vaut pour des signes que nous produisons, comme les panneaux routiers. Dans le cas d'une conductrice-avisée-aux-panneaux cherchant le Château d'Edimbourgh, un panneau lui indiquant que le château se trouve en bas de la rue à droite ne la rend pas simplement consciente de ce fait ; il la rend consciente qu'elle devra activer d'autres compétences de conduite afin de prendre le tournant en question.

En ce qui concerne mon enquête, l'important est que, pour Heidegger, les signes sont des structures phénoménologiques particulières qui s'invitent dans notre conscience en échafaudant et en guidant l'activité *sans* l'interrompre, et ils sont, en effet, typiquement conçus précisément en ce sens. En outre, quant à savoir comment ces artefacts figurent dans notre expérience, il semblerait qu'ils soient appréhendables de manière critique sans pour autant être intrusifs. *Si* ce que le panneau indique contredit la manière qu'a la conductrice de diviser Edimbourgh en régions liées ou non au château, il existe une possibilité d'un conflit dont sa conscience

17. Heidegger, M., *Being and time*, *op. cit.*, p. 111-112.
18. *Ibid.*, § 17.

pourra se saisir pour un traitement évaluatif, raisonné et actionnable. En somme, les signes ne sont ni transparents ni intrusifs. Ils se situent plutôt entre ces deux catégories en étant prédisposés à l'évaluation critique, ce qui est précisément le type de phénomène que nous cherchons à exposer. Ainsi, la conception de machines intelligentes qui auraient le profil phénoménologique de signes suggère une voie pour résoudre le problème des classifications divergentes.

Ces réflexions plutôt abstraites soulèvent bien entendu la question de savoir comment concevoir des machines intelligentes qui posséderaient un tel profil. Voici un exemple qui, je pense, nous met sur la bonne piste. Retournons au supermarché. Kalnikaite *et al.* remarquent que pour toute une série d'achats habituels et à bas prix, les consommateurs tendent à se concentrer sur une gamme réduite d'informations en appliquant des heuristiques « rapides et frugales ». En contraste, des applications d'achats en ligne conçues pour augmenter l'expérience des consommateurs s'emploient à les surcharger avec des quantités ingérables d'informations. Cette surcharge tend à être disruptive. Selon Kalnikaite *et al.*, ce que les designers doivent trouver c'est « the information sweet spot that technological aids should aim for so as to enhance the shopping experiences ». En suivant cette voie, ils ont conçu un dispositif qui se fixe au chariot de supermarché et qui fournit un feedback synthétique et en temps réel sur différents produits par le biais d'un code-barres LED et des émoticônes. Ce feedback fournit des informations sur : a) le kilométrage du produit, indiqué par le nombre de LEDs illuminés ; b) si le produit est bio, ce sera indiqué par une couleur du LED ; et c) comment le choix du consommateur se compare à une norme sociale (le comportement d'autres consommateurs). Le dispositif comprend un scanner à code-barres pour que la plupart des opérations se fassent en sans-contact. Les résultats de l'enquête indiquent que les consommateurs trouvaient le dispositif facile à utiliser, qu'il ralentissait leur expérience d'achat sans pour autant la perturber. Il semble plausible que cet effet de ralentissement invite une évaluation critique du dispositif. En effet, les résultats montrent que lorsque l'affichage d'émoticônes était neutre ou négatif, les consommateurs scannaient et vérifiaient le kilométrage des produits davantage que si l'émoticône était positive. Cela souligne, à mon sens, que le dispositif en question n'est ni transparent, ni intrusif mais positionné entre ces deux catégories, avec ces opérations prédisposées à une évaluation critique. En d'autres termes, il possède le profil phénoménologique d'un signe. Il est aisé d'imaginer l'intégration d'une application d'apprentissage profond – par exemple pour personnaliser les préférences individuelles – d'un tel système. Dans ce scénario et compte tenu de ce que nous venons d'apprendre, le statut phénoménologique du dispositif en forme de signe permettrait aux designers de se confronter aux problèmes des classifications divergentes.

Les machines intelligentes sont parmi nous et sont là pour rester. Si l'analyse développée ici tient, cela implique que le problème des classifications divergentes nous attend dans les coulisses mais aussi, peut-être, qu'à travers une combinaison prudente de réflexion philosophique et de design ingénieux on peut éviter que le problème fasse une entrée sur scène inquiétante.

Traduction Tyler REIGELUTH [19]

19. Le traducteur remercie Jessica Lombard pour son aide dans la traduction des termes heideggériens.

PISTES, REVUE DE PHILOSOPHIE CONTEMPORAINE 2 (2022)
124 P., ISBN : 978-2-7116-8426-7, P. 31-50, VRIN.

L'artifice de la « *transparence technique* » *en IA* : *Des effets d'optique aux effets normatifs*

Peggy TOUVET

RÉSUMÉ

L'IA, qui utilise les réseaux de neurones profonds, produit des résultats peu intelligibles, à tel point que les systèmes connexionnistes sont considérés comme des « boîtes noires ». Leur opacité ou manque de transparence laisse supposer quelque chose de caché. Faut-il ouvrir les boîtes noires pour voir ce qui s'y trouve ? Vus ou voyants, comment appréhender les systèmes algorithmiques ? Dans l'expérience d'usage, la transparence dite phénoménologique (M. Wheeler) est le fait d'oublier le système technique, d'être focalisé sur ce qu'il donne à voir ou à faire. Mais cette accommodation cognitive tend à masquer le caractère coextensif et interactif du vu et du voyant. Plus objectivement, peut-on rendre transparent un résultat qui a appris à partir de données, ou n'est-il fondé sur aucun modèle prédéfini ni représentation symbolique, rien qui réfère à quelque chose de déjà déterminé ?

Il s'agira de questionner la pertinence de la notion de « transparence technique » que l'on retrouve aujourd'hui dans toutes les lignes directrices et réglementations autour de l'IA. Cette notion tend notamment à occulter le processus dynamique d'émergence à l'œuvre dans ces systèmes probabilistes, lesquels seront envisagés comme des prismes technico-normatifs plutôt que comme des systèmes censés représenter une réalité préexistante. Dans l'apprentissage profond, en effet, les caractéristiques et le modèle ne sont pas déterminés *a priori* : ils co-émergent à partir des données d'entrée et du réseau de neurones, dont l'architecture exerce une contrainte. L'environnement, devenant acteur au même titre que le système (E. Hutchins), leur rapport dynamique, qui produit des émergences, peut être comparé, dans une certaine mesure, au couplage structurel entre un organisme et son environnement (F. Varela). Une telle approche énactive de la technologie des données peut mettre en lumière le processus d'émergence, qui consiste à « faire voir » des régularités ou « faire apparaître » un monde de potentialités. Elle nous impose aussi de changer de cadre épistémologique.

Mots-clés : apprentissage profond ; algorithme ; épistémologie ; émergence ; phénoménologie.

Ce sont les biais socialement discriminants qui ont propulsé les algorithmes dans le débat public, et les ont rendus aussi médiatiques. Parallèlement au développement du potentiel de l'IA connexionniste peu intelligible (*machine learning*), une certaine défiance et une suspicion généralisée d'être « gouverné » par les algorithmes, considérés comme des « boîtes noires »[1], se sont installées. L'opacité ou le manque de transparence des algorithmes laisse supposer quelque chose de caché ou de dissimulé, ce qui pourrait constituer un obstacle à leur intelligibilité. Faut-il ouvrir les « boîtes noires », soulever le « capot » pour voir ce qui s'y trouve ? Comment appréhender ces systèmes algorithmiques ? Dans l'expérience d'usage, la « transparence phénoménologique »[2] est le fait d'oublier le système technique, d'être focalisé sur ce qu'il donne à voir ou à faire. Pourtant, le système est toujours coextensif à ce qu'il donne à voir. D'un autre côté, quand on cherche, en troisième personne, à rendre transparent ce qui a présidé à la sortie d'un réseau de neurones artificiels, qui a appris à partir de données, on ne trouve ni modèle prédéfini ni représentations symboliques, rien qui réfère à quelque chose de déjà déterminé.

Se pose alors la question de la pertinence de la notion de « transparence technique », que l'on retrouve pourtant aujourd'hui dans toutes les lignes directrices, principes et réglementations autour de l'IA. Nous montrerons que cette notion tend à occulter le processus d'émergence à l'œuvre dans ces systèmes connexionnistes, lesquels consistent à faire voir ou faire apparaître un monde de potentialités. Nous établirons un parallèle avec le paradigme de l'énaction de Francisco Varela, pour mettre en lumière ce processus d'émergence. Si la machine « voit » des caractéristiques ou configurations, c'est parce qu'elles co-émergent à partir des données d'entrée et du réseau de neurones, dont l'architecture exerce une contrainte. Les caractéristiques et le modèle n'étant pas déterminés *a priori*, il ne s'agit pas de lever un voile pour rendre visible ou intelligible un raisonnement caché. C'est pourquoi la « transparence technique » ne semble pas un concept pertinent dans le cas des

1. Pasquale, F., *The Black Box Society : The Secret Algorithms That Control Money and Information*, Cambridge, Harvard UP, 2015.

2. Wheeler, M., « The reappearing tool : transparency, smart technology, and the extended mind », *AI & Soc.*, 34, 2019, p. 857-866.

algorithmes connexionnistes, pour des raisons techniques, mais aussi, et – c'est ce qui va nous intéresser ici – pour des raisons épistémologiques.

Il s'agira tout d'abord d'appréhender les systèmes techniques en première personne – quand ils sont voyants –, puis en troisième personne – quand ils sont vus. Si la technique est condition (invisible) de visibilité, la « transparence phénoménologique » (Michael Wheeler) est l'impossibilité de porter son attention à la fois sur l'action et sur les moyens (techniques) d'action et, pour les systèmes, d'être vus et voyants simultanément. Nous montrerons que cette « transparence phénoménologique », qui n'est qu'une accommodation cognitive, a tendance à masquer le caractère coextensif et interactif du vu et du voyant. Puis, dans un deuxième temps, les systèmes connexionnistes seront envisagés comme des prismes technico-normatifs plutôt que comme des systèmes censés représenter une réalité ou produire un résultat neutre, à travers lesquels le difficile alignement entre le droit et la technique exige aujourd'hui certaines méthodes pour obtenir une « interprétabilité » sinon une « explicabilité » conformes à la législation. Enfin, si la cognition est partout distribuée dans le continuum de sujets-en-prise-avec-leurs-objets, et que l'environnement devient acteur au même titre que le système (Edwin Hutchins), nous verrons que leur rapport dynamique, qui produit des émergences, est relativement comparable au couplage structurel entre un organisme et son environnement, décrit par Varela pour l'énaction. Nous montrerons alors en quoi les « boîtes noires », en co-déterminant et faisant apparaître des régularités, sont des processus dynamiques d'émergence.

1. VUS OU VOYANTS : COMMENT APPRÉHENDER LES SYSTÈMES TECHNIQUES ?

La « transparence phénoménologique » : l'effet d'une accommodation

Le paradigme de la transparence dite phénoménologique[3] traduit une alternance des points de vue : c'est l'impossibilité de porter son attention à la fois sur l'action et sur les moyens (techniques) d'action. Cette transparence n'est donc qu'une accommodation cognitive : l'outil s'efface dans l'action au profit de son emploi, quand il se fait oublier. Mais, si on se focalise sur lui, on rend alors transparent ce qu'il y a autour, c'est-à-dire la situation contextuelle en amont (nos moyens cognitifs d'appréhension) et en aval (les pratiques effectives des usagers). Il peut donc y avoir une transparence technique, une transparence contextuelle, une transparence praxique, une transparence cognitive. La « transparence phénoménologique », finalement, est la disparition d'un élément du champ de la conscience. Vus ou voyants, les systèmes ne peuvent pas être l'un et l'autre simultanément. Ils sont non vus quand voyants : c'est la vision en première personne. Ils sont pris pour objets quand ils sont visibles : c'est la vision en troisième personne.

Voir en première personne : des systèmes non vus quand voyants

Dans ce paradigme de la transparence dite phénoménologique, la technique est condition (invisible) de visibilité. Une ergonomie efficace et un usage sans accroc peuvent faire oublier la procédu-ralité et l'artificialité des systèmes utilisés. L'usager et l'ensemble des dispositifs techniques s'intègrent, s'enchevêtrent et se fondent dans une « aveuglante proximité »[4], dans une *technè* invisible et sans artifice, un art sans art. Le neurobiologiste Varela[5] avait montré que nous voyons les choses en couleurs, non pas parce qu'elles sont intrinsèquement colorées, mais parce que la vision des couleurs est une expérience phénoménologique (au sens husserlien, cette fois-ci), rendue possible grâce au couplage sensorimoteur entre l'organisme

3. Wheeler, M., « The reappearing tool », art. cit.

4. Bitbol, M., *L'aveuglante proximité du réel*, Paris, Champs-Flammarion, 1998.

5. Thompson, E., Palacios, A., & Varela, F., « Ways of Coloring : Comparative Color Vision as a Case Study for Cognitive Science », *Behavioral and Brain Sciences*, 15/1, 1992, p. 1-74.

et son environnement. Les objets ne sont pas indépendants de la perception qu'on en a : ce qui est vu et le système voyant co-émergent simultanément. La vision est toujours le résultat d'une interaction, et non pas une fenêtre ouverte sur un monde extérieur. On ne peut pas séparer la cognition et le monde : le monde est celui appréhendé par la cognition, et la cognition fait partie du monde.

C'est le corps propre qui, contrairement aux systèmes techniques, peut être vu et voyant, senti et sentant, simultanément. À la fois partie du monde et ouverture au monde, c'est lui qui, pour Maurice Merleau-Ponty[6], permet l'expérience du voir et du sentir, dans une interface intérieur-extérieur. Voir ou percevoir en première personne, c'est vivre une expérience incarnée, située dans le monde. C'est, comme disait Thomas Nagel, le « ce que cela fait », par exemple, de voir la couleur rouge, ou de percevoir par écholocation comme une chauve-souris.

Ouvrir les « boîtes noires » en troisième personne

Si la « transparence phénoménologique » est l'usage fluide et efficace, c'est l'erreur ou l'accroc qui vont faire remonter l'artifice à la surface, nous faire « voir » qu'il y a calcul. Des internautes ont pu voir leurs enfants catégorisés en chiens sur Google Photos, ou des personnes noires se voir catégorisées en gorilles. Le système invisible qui faisait apparaître des options, objets ou services, redevient visible, brutalement. Ces limitations techniques et erreurs contextuelles peuvent avoir un impact sociétal, notamment en provoquant des discriminations, comme dans le cas du recrutement d'ingénieurs chez Amazon, basé sur les chiffres du passé, au détriment des femmes. Un système technique peut ainsi produire des effets normatifs inattendus, automatisant et renforçant les discriminations déjà présentes dans la société. Pour autant, les algorithmes biaisés volontairement restent marginaux au regard du nombre d'algorithmes utilisés aujourd'hui.

Il ne s'agit pas ici de rechercher une « transparence phénoménologique », mais de lever le voile sur d'éventuels intérêts cachés ou de contrer des effets discriminants. Pour cela, on est bien sûr tenté de voir ce qui a été pris en considération, de connaître les critères qui

6. Merleau-Ponty, M., *Phénoménologie de la perception* [1945], Paris, Gallimard, 1976.

président à l'élaboration des algorithmes. Faut-il exiger une transparence procédurale et éthique ? Rendre public ou auditer les codes [7] ? Faut-il généraliser la rétro-ingénierie ? « L'une des premières revendications contre l'emprise des algorithmes concerne leur transparence » dit Dominique Cardon [8]. Et, avant lui, le juriste américain Frank Pasquale [9] avait appelé à l'ouverture des « boîtes noires » pour dénoncer l'opacité des systèmes techniques, en particulier dans le secteur de la réputation, des moteurs de recherche, et des produits financiers, comme si les « boîtes » dissimulaient des secrets, des intérêts ou des sources de profit. Généraliser l'ouverture des « boîtes noires » présente toutefois un certain nombre de difficultés. Tout d'abord, focaliser sur les systèmes algorithmiques, dans une analyse en troisième personne, rendrait transparent tout ce qu'il y a autour, mais aussi les biais cognitifs et les critères normatifs de l'analyste. Ensuite, pour traquer les biais, il convient de ne pas se polariser uniquement sur le code, car ils sont souvent dus aux corrélations des critères entre eux. Par exemple, un critère peut être tout à fait indépendant vis-à-vis de l'origine ethnique, mais produire des résultats discriminants à cause de critères secondaires corrélés aux premiers. Par ailleurs, les biais peuvent venir des usages : la police de Détroit aux États-Unis a été taclée pour avoir fait usage de la reconnaissance faciale essentiellement à l'encontre des suspects noirs. Enfin, c'est souvent la société qui est inégalitaire à la base, et, comme les algorithmes apprennent à partir de données massives constituées et sélectionnées, les biais peuvent être reproduits, voire amplifiés. L'algorithme apparait alors moins comme une « opinion formalisée dans du code » [10] que comme miroir grossissant de l'opinion.

7. Sandig, C., *et al.*, « Auditing Algorithms : Research Methods for Detecting Discrimination on Internet Platforms », 2014, en ligne : http://www-personal.umich.edu/~csandvig/research/Auditing%20Algorithms%20--%20Sandvig%20--%20ICA%202014%20Data%20and%20Discrimination%20Preconference.pdf, consulté le 29 décembre 2022.

8. Cardon, D., « Auditer les algorithmes », in *Culture numérique*, Paris, Presses de Science Po, 2019, p. 399-409.

9. Pasquale, F., *The Black Box Society*, *op. cit.*

10. O'Neil, C., *Algorithmes. La bombe à retardement* [2016], trad. fr. S. Marty, Paris, Les Arènes, 2018, p. 297.

Ouvrir les « boîtes noires » peut donc difficilement nous permettre de comprendre tout à fait un résultat qui tient à la fois aux données (déjà discriminantes), au calcul (traduction procédurale des critères ou des objectifs d'apprentissage), au mode d'apprentissage (le modèle nous échappe), ou encore aux usages, au contexte, et à l'alignement de tous ces éléments. En outre, les algorithmes peuvent être soumis au secret commercial. En France, pour vérifier l'absence d'intérêts cachés, le Conseil national du numérique et le Conseil d'État veulent soumettre les plateformes à une « obligation de loyauté », qui consiste à interroger la sincérité des classements par rapport aux objectifs. Encore faut-il pour cela que les critères choisis soient affichés et explicites.

LES ALGORITHMES COMME PRISMES TECHNICO-NORMATIFS

Les algorithmes sont des prismes technico-normatifs : ils conditionnent dans le sens où ils contraignent, mais également dans le sens où ils sont condition de possibilité d'un résultat. Considérés en eux-mêmes, ce sont des discriminateurs qui classent, excluent, hiérarchisent, mettent en avant, associent, filtrent, catégorisent.

De la « transparence technique » à l'« IA de confiance »

La « transparence technique » des algorithmes est compromise depuis le changement de paradigme en IA, c'est-à-dire depuis le retour du connexionnisme dans les années 1990 (David Rumelhart, Yann LeCun, Geoffrey Hinton), avec le développement des réseaux de neurones formels. Cette approche devenue dominante à partir des années 2000 a succédé à l'IA symbolique, qui avait connu ses heures de gloire entre 1960 et 1990 (John McCarthy, Marvin Minsky, Herbert Simon, Allen Newell). La « Good Old-Fashioned AI », ou IA symbolique, s'inscrit dans le cognitivisme classique. Elle consiste à formaliser et exécuter des raisonnements en fonction de règles logiques, déductives et explicites, à partir de variables symboliques, à l'instar des systèmes experts qui fonctionnent sur la base de connaissances *a priori* (faits et règles) et un moteur d'inférence. Comme elle fait intervenir des représentations sémantiques, elle est lisible et explicable. Hubert Dreyfus[11] critiquera cette approche, arguant que l'IA ne peut se réduire à une manipulation de symboles suivant des règles formelles.

L'IA connexionniste comprend le *machine learning*, les systèmes intelligents flous, et les algorithmes évolutionnistes. L'apprentissage-machine a connu un développement spectaculaire avec Internet : il est à l'origine des recommandations, de la pertinence des informations, des filtrages de contenus ou d'images. Les algorithmes de classification s'entraînent à partir d'images ou de textes. Quand l'apprentissage est supervisé (les données de l'apprentissage sont étiquetées, c'est-à-dire définies), on indique à la machine la sortie désirée pour qu'elle ajuste les paramètres (poids des neurones) de toutes les couches, de telle sorte que la sortie se rapproche de celle attendue. Les données sont vectorisées et envoyées au classifieur qui calcule une somme pondérée des caractéristiques : un poids est appliqué à chaque valeur, et, si la somme dépasse le seuil, la machine repère la classe. Après avoir montré des millions d'exemples étiquetés, la machine devient capable de les classifier et de généraliser à partir de nouveaux exemples. C'est ce que Dominique Cardon a appelé le « passage d'une machine hypothético-déductive à une machine inductive »[12].

Le calcul des fonctions élémentaires, distribuées dans un réseau de neurones formels, s'effectue de façon parallèle et non séquentielle comme dans l'IA symbolique. L'approche connexionniste est probabiliste, et la fonction de prédiction émerge de l'apprentissage sans correspondre à quelque chose de prédéfini. La matrice des coefficients (qui détermine l'efficacité de connexion entre les neurones simulés) n'a pas grand-chose à voir avec nos représentations. Et, plus ils sont inintelligibles, mieux ils prédisent. C'est pourquoi, dans le *machine learning*, l'exigence de transparence peut sembler un vœu pieux, tant les paramètres (valeurs de pondération) peuvent être nombreux – ils peuvent atteindre le million. Tout au plus pouvons-nous accroître la vigilance vis-à-vis des données,

11. Dreyfus, H., *What Computers Can't Do*, Cambridge, MIT Press, 1972.
12. Cardon, D. *et al.*, « La revanche des neurones », *Réseaux*, 211, 2018, p. 173-220.

de l'architecture des réseaux de neurones, et des objectifs d'apprentissage de la machine.

Ainsi, le passage d'une IA symbolique à une IA connexionniste rend presque vaine la volonté d'une « transparence technique ». La transparence, associée à l'idée d'une fenêtre ouverte sur une structure préétablie ou d'un « capot ouvert » sur des intérêts cachés, doit être abandonnée. C'est désormais moins une « transparence technique » qui va être recherchée qu'une IA de confiance. Dans certains secteurs sensibles comme la santé, la finance, l'emploi, la défense, la justice, il est parfois nécessaire de comprendre les résultats et de pouvoir les expliquer. C'est pourquoi un nombre croissant d'organisations réclament des mesures pour une IA éthique et de confiance (*trustworthy AI*).

L'éthique : coincée entre possibilités et contraintes technico-normatives ?

En France, la loi pour une République numérique a exigé, dès 2016, l'explicabilité d'une décision automatique administrative pour une personne physique. Puis, le rapport sur la stratégie de l'IA (2018), établi par Cédric Villani, demandait explicitement d'« ouvrir la boîte noire ». Au niveau européen, après avoir adopté le RGPD (2016), un groupe d'experts a défini 7 lignes directrices pour « parvenir à une IA de confiance ». De plus en plus d'organisations établissent des chartes allant dans le même sens. Mais comment réguler les discriminations si les règles d'équité ne sont pas universelles ? L'équité individuelle n'est pas l'équité de groupe. Et que serait un algorithme équitable ? Celui qui permet la liberté d'expression ou celui qui censure des propos haineux ? Celui qui donne la même chance à tout le monde ou celui qui lutte contre les inégalités sociales ? La transparence ne résout pas le problème des discriminations : il faut, selon Danah Boyd, faire appel à la responsabilité [13].

C'est pourquoi de nouveaux domaines de recherche se développent comme celui dédié à l'analyse des biais (tests de la diversité, algorithmes de débiaisage) ou celui dédié à l'explicabilité, c'est-à-dire au fait de relier les caractéristiques (les valeurs prises par les

13. Boyd, D., « Transparency ≠ Accountability », *Points Data & Society*, 2016, en ligne : https://points.datasociety.net/transparency-accountability-3c04e4804504.

variables) à la prévision obtenue, d'établir des relations causales. L'explicabilité est plus forte que l'interprétabilité, qui se contente d'identifier les variables, et d'estimer celles qui ont davantage présidé à la prévision obtenue. On parle d'interprétabilité « intrinsèque » pour l'IA symbolique, et d'interprétabilité « post-hoc » (après l'entraînement) pour un réseau de neurones opaque. Elle peut être locale ou globale. Dans le cas des réseaux de neurones profonds, il existe différentes méthodes pour obtenir une interprétation conforme au RGPD, avec chacune des avantages et des inconvénients. Aujourd'hui, pour conférer une meilleure intelligibilité aux résultats, on cherche à hybrider IA symbolique et IA connexionniste, car la première a l'avantage d'être lisible et compréhensible. En combinant les deux approches, on peut avoir le raisonnement et la performance. En France, par exemple, l'INRIA porte le « Défi hyAIAI » (*Hybrid Approaches for Interpretable AI*), qui consiste à ajouter, entre une boîte noire et l'usager, une interface symbolique (comme un arbre de décision), ou encore à intégrer des connaissances scientifiques *a priori* au modèle numérique, et chercher à tendre vers l'explicabilité, pour expliquer un diagnostic, par exemple.

Ainsi, l'éthique doit être évolutive et réactive. Il n'y a pas une conception technique en amont, et une conception régulatrice, éthique ou normative, en aval. Il faut pouvoir penser ces systèmes en termes de prismes technico-normatifs, capables de réaliser un alignement interdisciplinaire entre le droit et la technique. Cela suppose, en plus des décisions politiques, de revoir les découpages disciplinaires et les enseignements.

Description objective ou participative ?

Les critiques abondantes visant les algorithmes portent souvent sur leur manque d'objectivité, en raison des « biais » conçus comme déformations d'une « réalité ». Elles visent l'abandon d'une constitution d'objectivité ou du moins d'une position d'extériorité, ainsi que l'absence de modèles explicatifs. En effet, les détracteurs et les partisans des algorithmes s'appuient parfois sur un même présupposé, l'objectivité. Dans les Dix principes fondamentaux de Google, on peut lire : « nos utilisateurs comptent sur notre objectivité ». Pourtant, au vu des incidents qui se sont produits, la critique dénonce une manipulation dans le traitement que ces derniers font de la réalité sociale. Le biais est alors entendu comme déviation par rapport à un résultat censé neutre ou objectif, comme distorsion d'une vision juste, droite et objective, comme si les algorithmes devaient restituer une représentation fidèle de la « réalité », une réalité vue de nulle part.

Or, dans l'IA connexionniste, il n'y a justement pas de représentation d'un réel préexistant ou pré-déterminé. Le résultat est le produit d'une interaction entre le réseau de neurones et les données d'entrée, sans passer par un modèle prédéfini. C'est pourquoi il ne nous semble pas tout à fait exact de parler de « double statistique », comme le font Antoinette Rouvroy et Thomas Berns, ni de dire que « (…) les données du *big data* ne subsistent que comme des suites de relations qui dédoublent le réel »[14]. Car ces relations ne dédoublent précisément pas un réel substantiel préalable. Les relations d'interaction dynamiques qui apparaissent sont premières. Le calcul ne porte plus sur des re-présentations, et le réel n'est pas déjà pré-déterminé. Il ne s'agit donc pas d'une « modélisation algorithmique du réel » ni d'un « mode de catégorisation du réel ».

L'expérience d'usage des algorithmes en première personne et l'ouverture des boîtes noires en troisième personne ne nous empêchent pas de nous constituer un espace d'intersubjectivité et de négociation en deuxième personne, où l'on pourrait faire société et chercher un consensus. Les traces ou signaux laissés par les internautes ne réfèrent pas à des sujets réels, ne construisent pas un *eidos*, mais se réduisent à des profils abstraits, obtenus par corrélation et pondération des traces. Peut-on alors parler avec Berns et Rouvroy d'une « gouvernementalité algorithmique »[15] ? Et faut-il déplorer que l'individu et les subjectivités échappent au calcul ou faut-il se réjouir de l'évitement de la subjectivité ? Il ne faudrait pas confondre agentivité et subjectivité. L'usage des algorithmes ne dispensent pas des institutions ni du débat public.

Les erreurs, biais, discriminations, écarts, doivent permettre d'ouvrir un espace de négociation ou de re-négociation. Hiérarchiser les valeurs, établir des compromis entre des normes inconciliables : tout cela exige du débat public, de l'intersubjectivité, de la critique, de l'interdisciplinarité. Mais il ne s'agit pas de considérer objectivement les algorithmes dans un face-à-face. Leur description ou leur

14. Berns, Th., & Rouvroy, A., « Gouvernementalité algorithmique et perspectives d'émancipation », *Réseaux*, 177, 2013/1, p. 163-190.

15. *Ibid.*, p. 173.

critique doivent être réflexives, car nous parlons depuis tout le processus cognitivo-socio-technico-praxico-environnemental dont nous faisons partie et dont nous ne pouvons pas nous extraire.

Une agentivité homme-calcul diffuse et dispersée

Même si l'algorithme, dans le débat public, est associé aux biais, il n'est qu'une médiation technologique parmi d'autres. Les erreurs sont rarement imputables à l'algorithme lui-même, mais à tout l'assemblage dont il fait partie : les *big data*, les représentations des développeurs, les intentions des commanditaires, les représentations sociales, les usages, les calculs, les procédures, etc. Elles surviennent quand l'agencement technique d'éléments hétérogènes ne « fait » plus système, précisément. Pour Nick Seaver les « systèmes algorithmiques » désignent des « systèmes sociotechniques diffus et hétérogènes, plutôt que des procédures fixes et rigides »[16]. C'est bien sûr ce qui rend difficile leur régulation et leur contrôle. Où commence et où s'arrête un système socio-technique ? Ce qu'on appelle aujourd'hui l'« intelligence ambiante » ne fait que distribuer de l'« intelligence » entre les objets, qui s'échangent des informations entre eux et avec les humains. Cette informatique diffuse, ubiquitaire, constitue des systèmes pervasifs, dans lesquels des algorithmes sont, comme dit Cardon, « assemblés à nous ». La préférence calculée pour un contenu ou un objet est quelque part entre le sujet et l'objet, portée ou supportée par l'ensemble du processus. On peut également se demander : où est l'agent ? Dans ces corrélations complexes d'êtres à la fois hétéroclites et indissociables, l'agentivité homme-calcul-contexte est composite et non localisable. Mais celle-ci n'est pas nouvelle, sauf à présupposer qu'avant l'arrivée des algorithmes, les usagers choisissaient en toute indépendance, sans préjugés ni influence. Y a-t-il même un agent, ou l'agentivité se confond-t-elle avec la dynamique du processus ?

16. Seaver, N., « Algorithms as culture : Some tactics for the ethnography of algorithmic systems », *Big Data & Society*, 4/2, 2017, en ligne : https://journals.sagepub.com/doi/10.1177/2053951717738104, consulté le 29 décembre 2022.

2. « BOÎTES NOIRES » OU PROCESSUS D'ÉMERGENCE ? UNE APPROCHE ÉNACTIVE DE L'IA

Extension de notre cognition ou dépassement autonome ?

Dans un article de 2018, « L'outil qui réapparaît »[17], Wheeler pose la transparence dite phénoménologique comme condition de l'« esprit étendu » (ExM). Il se demande comment savoir si un élément technique, comme un piercing sur la poitrine qui indique le Nord par vibration, fait partie de l'esprit ou du monde extérieur, comme Andy Clark et David Chalmers s'étaient demandé où finit l'esprit et où commence le monde. Mais Wheeler présuppose pour cela un environnement extérieur déjà structuré, auquel la technologie nous donnerait accès (la « technologie comme voie d'accès à l'environnement » dit-il). Autrement dit, il sépare spatialement la cognition et le monde, le monde-appréhendé-par-la-cognition et la cognition-appréhendant-le-monde.

Hutchins[18] avait montré que la cognition se distribuait entre des éléments hétérogènes comme l'environnement, l'instrumentation technique, et les relations sociales. Pour lui, la cognition intègre autant les sujets que les artefacts. « Les humains créent leur pouvoir cognitif en créant des environnements dans lesquels ils exercent au mieux leurs capacités »[19]. Le traitement de l'information est ainsi souvent réalisé à l'extérieur du cerveau. Ainsi, la cognition étendue n'est pas plus à l'intérieur qu'à l'extérieur, et l'environnement n'est autre qu'un système de cognition distribuée.

Deep learning : des effets d'émergence

Avec les réseaux de neurones profonds, non seulement l'environnement est acteur au même titre que le système, mais leur rapport dynamique va produire des émergences. Dans les réseaux convolutifs (CNN ou ConvNet) multi couches, utilisés pour la « reconnaissance » d'images ou de textes, et dont l'architecture s'inspire du cortex visuel de mammifères, toutes les couches sont entraînables de bout en bout. Il n'est donc pas nécessaire de

17. Wheeler, M., « The reappearing tool », art. cit.

18. Hutchins, E., *Cognition in the wild*, Cambridge, MIT Press, 1995.

19. *Ibid.*, p. 169.

programmer un extracteur de variables. C'est la machine qui, lors de l'apprentissage, va elle-même détecter des régularités grâce au couplage entre les données d'entrée et le réseau de neurones dont l'architecture exerce une contrainte. Ainsi, la catégorisation ou les caractéristiques émergent du couplage structurel entre les données non déterminées au préalable et l'architecture du système. Le « vu » et le « voyant » co-émergent et se co-déterminent simultanément. Ce ne sont pas les objets déterminés qui causent les modifications du système, mais les modifications qui déterminent les objets. Le système évolue et se transforme donc en fonction de son activité et de son architecture.

C'est pourquoi il nous semble pertinent de convoquer le paradigme de l'énaction proposé par le neurobiologiste Varela [20], à titre d'analogie, du moins jusqu'à un certain point. L'énaction désigne le couplage structurel entre un organisme et son environnement, par le biais d'une boucle perception-action. Pour Varela, la « cognition, loin d'être la représentation d'un monde pré-donné, est l'avènement conjoint d'un monde et d'un esprit, à partir de l'histoire des diverses actions qu'accomplit un être dans le monde » [21]. Proche de la pensée opératoire de Jean Piaget et de la phénoménologie de Merleau-Ponty, il s'est appuyé sur les neurosciences pour proposer une alternative au cognitivime (Zenon Pylyshyn) [22] et au connexionnisme (Rosenblatt) [23]. Par analogie avec l'*embodied-embedded cognition* (EEC), on pourrait parler d'*embodied-embedded AI*, pour souligner l'importance de la « corporéité » et de l'interaction avec l'environnement. Mototaka Suzuki et Dario Floreano [24], dans leur recherche en robotique visuelle, s'étaient déjà réclamés de l'énaction pour soutenir que l'activité sensorimotrice et la corporéité physique étaient cruciales dans la « perception » de l'environnement, et qu'il fallait en tenir compte pour accroître la performance de la vision artificielle.

20. Varela, F., *et al.*, *L'inscription corporelle de l'esprit*, Paris, Seuil, 1993.

21. *Ibid.*, p. 35.

22. Pylyshyn, Z. W., *Computation and Cognition : Toward a Foundation for Cognitive Science*, Cambridge, MIT Press, 1984.

23. Rosenblatt, F., « The Perceptron : A Probabilistic Model for Information Storage and Organization in the Brain », *Psychological Review*, 65/6, 1958, p. 386-408, https://doi.org/10.1037/h0042519.

24. Suzuki, M., & Floreano D., « Enactive Robot Vision », 2008, https://doi.org/10.1177/1059712308089183.

Dans le *deep learning*, la machine s'auto-organise en interaction avec l'environnement (les données) pour faire co-émerger des *patterns* ou caractéristiques. Celles-ci sont émergentes, non pas dans un sens évolutif, mais dans un sens dynamique, interactif. Il y a construction d'un modèle de couplage possible avec l'environnement sans partir d'une représentation préalable de cet environnement. Cette conception énactive du *deep learning* est praxéologique et non ontologique. Elle s'inscrit donc dans un cadre épistémologique non réaliste, dans la mesure où elle remet en question les idées de substance et de fondement, au profit des relations qui sont premières. La machine n'apprend pas à partir de configurations prédéfinies, mais co-détermine les régularités.

Ainsi, paradoxalement, plus les « boîtes noires » sont noires, plus elles consistent à faire voir et à visualiser. Véritables processus d'émergence, sans représentations *a priori*, ces machines sont capables de repérer de nouvelles régularités à partir de signaux ou de traces élémentaires. Bien que non brutes, les données nettoyées et encodées, selon la forme propice à l'apprentissage, doivent être le plus possible dénuées de valeur sémantique, de façon à revenir à des *data* hylétiques ou des esquisses au sens d'Edmund Husserl, c'est-à-dire des *data* le plus possible amorphes, informes ou non structurées au préalable.

Enfin, il ne faut pas oublier que l'IA est une intelligence simulée. Le langage employé est souvent abusif, métaphorique, voire anthropomorphique (autonomie, agent, vision, perception, reconnaissance, décision…), ce qui contribue à alimenter les craintes ou les fantasmes, et ce qui peut constituer des obstacles épistémologiques pour penser sérieusement les enjeux de ces avancées techniques. Aucun système technique (même avec réseaux convolutifs) ne voit ni ne perçoit ni même ne reconnaît. Capter n'est pas percevoir. La perception, pour un neurophysiologiste comme Alain Berthoz ou un phénoménologue comme Merleau-Ponty, présuppose une forme d'expérience subjective, entremêlant cognition et monde. Or c'est précisément la dimension expérientielle et conceptuelle qui manque à l'IA.

« The End of the Theory » : comprendre le monde ou agir sur lui ?

Alors que d'aucuns déplorent le remplacement d'un système explicatif et déterministe, fondé sur les relations de cause à effets, par un système probabiliste où les corrélations se substituent aux causes, Chris Anderson annonce quant à lui la « fin de la théorie »[25] sans aucun état d'âme. Mais il semblerait qu'il n'assume pas totalement l'idée qu'il défend, ou qu'il n'aille pas assez loin. Lorsqu'il fait de la mécanique quantique une « caricature d'une réalité sous-jacente plus complexe », il la tire du mauvais côté. En effet, déjà pour Max Born, dès 1926, la fonction d'onde était un instrument mathématique pour calculer la probabilité. Alors que Werner Heisenberg[26] (1927) avait cru initialement à un manquement au principe de causalité, Niels Bohr avait souligné qu'il était dû à l'indissociabilité entre le phénomène et son contexte expérimental d'apparition. Michel Bitbol[27] fait même de la mécanique quantique une théorie des probabilités généralisée, où l'état quantique ne fait aucunement référence à d'hypothétiques microsystèmes.

Par ailleurs, Anderson fait de l'usage des *big data* « une manière entièrement nouvelle de comprendre le monde. » Mais s'agit-il encore de comprendre le monde si c'est la « fin de la théorie » ? Anderson n'a, semble-t-il, pas fini de faire son deuil. Il doit encore changer de cadre épistémologique. Car ces formidables outils dont il parle ne nous permettent pas de comprendre le monde, mais d'agir sur lui. Les nouveaux systèmes probabilistes fondés sur le *deep learning* ne consistent plus à décrire des objets ou phénomènes en termes de causes et d'effets comme en sciences, à partir d'un état initial, mais à prédire et anticiper des possibilités d'action ou de mise en relation, de façon dynamique, en fonction de contraintes contextuelles. Le *télos* est instrumental et praxéologique : Anderson doit encore renverser le paradigme épistémologique réaliste qui voit la science comme le dévoilement des secrets cachés de la nature.

25. Anderson, Ch., « *La Fin de la théorie* » [2008], trad. fr. P.-E. Dauzat, *Le Débat*, 207, 2019/5, p. 119-122.

26. Heisenberg, W., « Über den anschaulichen Inhalt der quantentheoretischen Kinematik und Mechanik », *Zeitschrift für Physik*, 43, 1927, p. 172-198.

27. Bitbol, M., « La mécanique quantique comme théorie des probabilités généralisée », *in* E. Klein & Y. Sacquin (dir.), *Prévision et probabilités dans les sciences* (1998), en ligne : http://michel.bitbol.pagesperso-orange.fr/genproba.html.

Technè-Logos : « *faire-voir* » *un monde de potentialités*

Dreyfus, dans sa critique de l'IA symbolique, avait déjà souligné que la connaissance scientifique reposait sur l'agir (*doing*). Et, effectivement, dans l'histoire, les techniques ont précédé les théories scientifiques : la lentille et le microscope ont permis le développement de la théorie optique, le moteur à vapeur celle de la thermodynamique, les calculateurs l'avènement de l'informatique, etc. Action et connaissance sont indissociablement liées. Le *logos* est, au terme de cette analyse, moins une cognition-représentation qu'une cognition-action. Chez Husserl et Heidegger, le *logos* comme discours est avant tout un δηλοῦν (*dēloun*), c'est-à-dire un « faire-voir », ce qui rend manifeste, ce qui met au jour ce dont il est question. La technologie comme *Technè-Logos* « fait » émerger un horizon de configurations possibles.

En reprenant l'exemple de la canne de l'aveugle de Merleau-Ponty, nous dirons que la canne n'est qu'un élément technique du *continuum* aveugle-canne-trottoir qui est technologique. La technologie, dans cette approche dynamique, est ce couplage ou cet alignement entre les différentes composantes hétérogènes, qui « font » système. C'est la technologie, dans ce sens énactif, qui fait tenir le continuum de sujets-en-prise-avec-leurs-objets, au sein d'un processus complexe d'émergence et d'interaction entre des composantes cognitivo-techniques et des composantes environnementales.

La technologie, dans cette perspective énactive, n'est pas, par conséquent, la voie d'accès à une extériorité déterminée, à un monde déjà structuré. Elle ne renvoie à aucun mode d'existence. Elle ne lève pas le voile sur des objets préexistants et extérieurs à nous, mais elle met en relation des entités hétérogènes, et nous met en relation avec elles, dans une dynamique instrumentale. Elle rend ainsi manifeste le monde dont on fait partie, ou plutôt rend manifeste notre insertion dans le monde. Davantage mode de phénoménalité que mode d'existence, elle est capable d'établir des régularités et de stabiliser des faits. Si le « faire-savoir » est subordonné au « faire-voir » de l'émergence, et que ce qu'il y a à voir ne préexiste pas, il faut renverser les rapports de subordination entre sciences et technologie. La technologie est première, dans le sens où elle rend manifeste (sans fonder) le monde auquel se réfèrent les sciences.

Ni du côté de l'objet ni du côté du sujet, la technologie ainsi envisagée n'est ni un savoir-faire (une technique) ni une application de connaissances préalables (au sens de l'anglicisme *technology*), ni une science ou discours sur les techniques (au sens européen d'une discipline, dont le *Projet de technologie générale* de Johann Beckmann de 1806 n'a finalement jamais abouti) ni une science humaine (André-Georges Haudricourt et François Sigaut). Pour en comprendre les enjeux, il semblait nécessaire de dépasser la conception objectiviste de la technologie (ni objets techniques ni science des techniques), sans pour autant la tirer du côté du sujet.

Au terme de l'analyse, la « transparence technique » apparaît à la fois compromise et peu pertinente, depuis le retour de l'IA connexionniste et probabiliste, qui ne se fonde sur aucune représentation explicite ou *a priori*, et dont les paramètres se comptent par milliers. Il n'y a pas de description objective, mais couplage entre le réseau de neurones et les données d'entrée, et co-émergences des déterminations, sans passer par un modèle prédéfini. Il n'y a pas de systèmes censés représenter une réalité ou produire un résultat neutre, mais des prismes technico-normatifs, qui réalisent un alignement ou compromis entre le droit et la technique. Il n'y a pas non plus d'agent localisable, mais une agentivité homme-calcul-contexte diffuse et dispersée ; et, enfin, il n'y a ni extension de notre cognition ni dépassement autonome, étant donné que l'environnement n'est autre qu'un système de cognition distribuée. Aussi avons-nous proposé une conception énactive plutôt qu'objectiviste de la technologie sub-symbolique, dans laquelle les configurations et le réseau de neurones se co-déterminent mutuellement à partir de données hylétiques. Le *deep learning*, en effet, apprend à partir de *data* hylétiques, non brutes, mais sans *eidos*, comme lors d'une réduction phénoménologique[28].

Il ne suffit donc pas de lever le voile ni d'ouvrir les boîtes noires. La transparence dite phénoménologique n'est qu'un effet d'optique ou d'accommodation cognitive, car vu et voyant sont coextensifs et interdépendants, et la transparence éthique un effet normatif, dans la mesure où il s'agit moins de révéler un modèle caché que

28. Husserl, E., *Ideen* [1950], Paris, Gallimard, 1985.

de corréler des méthodes symboliques à un fonctionnement connexionniste pour produire de l'intelligibilité. L'artifice de la transparence vient d'un positionnement en surplomb, face aux systèmes techniques. Nous avons en effet montré que le monde est un système de cognition distribuée, dans lequel cognition, systèmes techniques, relations sociales et environnement sont imbriqués, étroitement corrélés, de telle sorte que les systèmes techniques ne peuvent qu'être appréhendés de manière réflexive, et non objective, depuis ce processus complexe et dynamique d'émergences.

PISTES, REVUE DE PHILOSOPHIE CONTEMPORAINE 2 (2022)
124 P., ISBN : 978-2-7116-8426-7, P. 51-69, VRIN.

Systèmes d'aide à la décision, fonctions, affordances et autonomie

Benoît DUCHEMANN

RÉSUMÉ

Les systèmes d'aide à la décision et en particulier ceux à base d'Intelligence Artificielle (IA) sont aujourd'hui présents dans tous les secteurs de la société. De plus en plus complexes et autonomes, ils semblent être développés afin de pallier les variabilités et incertitudes de la décision humaine, transformant de fait la mission technique de l'homme et mettant en tension la conception anthropologique de l'outil d'extension avec l'artefact de dépassement. À travers l'exemple de l'aide au pilotage dans l'aéronautique civile, nous nous proposons d'étudier cette mise en tension dans le cadre des concepts de fonctions techniques et d'*affordance*. L'utilisateur, dans sa relation à la machine, est au carrefour de contraintes fonctionnelles et réglementaires qui norment son comportement et ses usages. Nous envisageons ici de quelle façon cette tension peut se résoudre à travers le maintien de la capacité de l'utilisateur à une forme d'autonomie, que nous qualifions d'« *affordancielle* », préservant ainsi ce que Hannah Arendt nomme notre « sens commun ».

Mots-clefs : aide à la décision ; aide au pilotage ; intelligence artificielle ; affordance ; fonction ; autonomie ; transparence ; concrétisation ; AF447.

Les systèmes d'aide à la décision et en particulier ceux à base d'Intelligence Artificielle (IA) sont aujourd'hui présents dans tous les secteurs de la société : dans la recherche, la santé, l'éducation, l'industrie, les transports, les services, ou encore les loisirs, les jeux. D'une certaine façon, les artefacts résultant de ces nouvelles technologies peuvent encore être considérés comme étant dans la continuité génétique des objets techniques développés antérieurement et dont les usages et le statut de prolongement du corps, amplement explicités par André Leroi-Gourhan [1], leur confère une fonction d'extension de la portée de nos actions. Dans ce cadre, ces nouveaux artefacts dits « intelligents » pourraient constituer une forme de prolongement de notre cognition.

Pour autant, le projet « originel » de l'IA tel qu'il est défini à partir des années 1950 et en particulier lors de la conférence de Dartmouth de 1956, affichait une intentionnalité conceptuelle de simulation voire de dépassement de la cognition humaine. Dans leur proposition de conférence, John McCarthy, Marvin Minsky, Nathaniel Rochester et Claude Shannon mentionnent :

> L'étude [de l'Intelligence artificielle) procède à partir de la conjecture que tout aspect de l'apprentissage ou autre caractéristique de l'intelligence peut en principe être décrit si précisément qu'une machine pourrait le simuler [2].

Aujourd'hui, des systèmes d'aide à la décision de plus en plus complexes et autonomes semblent être développés afin de pallier les variabilités et incertitudes de la décision humaine, transformant de fait la mission technique de l'homme. Cette conception moderne des systèmes d'aide à la décision met en tension la conception anthropologique de l'outil d'extension avec l'artefact de dépassement. Nous nous proposons ici d'étudier cette tension de la relation homme-machine à travers le concept d'autonomie en considérant l'autonomie à travers ses dimensions fonctionnelles et « *affordancielles* » [3]. Pour ce faire, nous prendrons en exemple les systèmes d'aide au pilotage présents dans les avions depuis les années 1980.

1. Leroi-Gourhan, A., *Milieu et Techniques*, Paris, Albin Michel, 1945.

2. En ligne : http://www-formal.stanford.edu/jmc/history/dartmouth/dartmouth.html (notre traduction), consulté le 29 décembre 2022.

3. En référence aux affordances.

L'étude de ce type de système technique offre l'avantage d'une historicité de plus de trente ans dans son exploitation, ainsi que dans l'émergence et le règlement d'enjeux, en particulier sécuritaires.

1. *AFFORDANCES* ET FONCTIONS TECHNIQUES

La relation d'autonomie peut être envisagée à travers la formulation théorique des *affordances* et fonctions techniques mettant en situation la relation entre artefact technique et utilisateur. Celles-ci représentent différemment les capacités d'un objet à permettre la réalisation d'une action.

1.1. Affordances

La notion d'affordance a été développée dans les années 1930 en tant que concept psychologique, tout d'abord par Jakob von Uexküll [4] et Heinz Werner [5] sous la forme de « signe actanciel ». Catherine Ruchon rattache la création de la terminologie [6] à Kurt Lewin [7], qui est alors traduite en anglais par « valence », « l'attraction ou la répulsion suscitée par les objets » [8]. Le concept est développé par James J. Gibson [9] qui, dans le cadre de ses études sur la perception visuelle, procède à un déplacement conceptuel : de propriété uniquement liée à la perception de la forme de l'objet, l'affordance devient une propriété écologique, dans laquelle la perception est intégrée à un contexte situationnel. Il est ensuite repris par Donald Norman [10] dans le cadre de ses études sur les interactions homme-machine ; à sa suite, les théoriciens de

4. Von Uexküll, J., *Milieu animal et milieu humain* [1934], Paris, Payot & Rivages, 2010.

5. Werner, H., *Comparative Psychology of Mental Development* [1926], New York, International Universities Press, 1957.

6. *Aufforderungscharakter.*

7. Lewin, K., « Vorsatz, Wille und Befürdnis mit Vorbemerkungen über die psychichen Kräfte und Energien und die Struktur der Seele », *Psychologische Forschung*, 7, 1926, p. 294-329.

8. Ruchon, C., « De l'affordance injonctive à la créativité discursive : l'exemple du ticker numérique », *Corela*, HS 28, 2019, mis en ligne le 10 septembre 2019, consulté le 13 janvier 2021, p. 2.

9. Gibson James, J., *The Ecological Approach to Visual Perception*, Hillsdale, Lawrence Erlbaum, 1979.

10. Norman Donald, A., *The psychology of everyday things*, New York, Basic Books, 1988.

l'ergonomie envisagent la conception d'objets techniques à travers l'anticipation d'affordances, dont la signalisation doit alors être optimisée. Ainsi, une *affordance* peut être considérée comme une potentialité d'action attachée à un objet dont l'utilisation est signifiée dans son utilisation dans le cadre d'un contexte situationnel. L'ensemble des *affordances* constitue donc à la fois un degré d'indétermination, et une contrainte normative restreignant le champ des actions possibles. Prenons un exemple dans notre domaine, celui de l'aviation. Sur un Airbus, le stick latéral (anciellement le manche) permet d'envoyer des commandes à l'ordinateur de bord qui pilote les gouvernes. Son débattement, vers l'avant/l'arrière, vers la gauche/la droite, signale les façons dont on peut l'utiliser et donc ses *affordances* locales, qui permettent une action à distance sur les gouvernes de l'avion.

1.2. Fonctions Techniques

Tout en désignant elles aussi les relations entre artefacts et utilisateurs qui engagent les actions, les fonctions techniques font appel à des notions d'ordre différent. Alors que les *affordances* sont d'ordre perceptif et sémiotique, les fonctions techniques sont d'ordre analytique et épistémique. Il ne s'agit pas ici de la potentialité d'une action mais de son actualisation dans le cadre d'une communauté de pratiques. Il ne s'agit pas d'une relation perçue mais d'une relation justifiée rationnellement et assignée intentionnellement. Nous utilisons ici la catégorisation des fonctions techniques développée en particulier par Peter Kroes, Wybo Houkes et Pieter Vermaas [11].

1.2.1. Fonction-type

Peter Kroes définit les fonctions type (les *kind-proper functions*) comme étant « assignées par des agents au cours de la construction d'une première instance d'une nouvelle catégorie d'artefacts ou au cours de la construction de nouvelles instances d'une catégorie déjà

11. Vermaas, P. E., & Houkes, W. N., « Technical functions : A drawbridge between the intentional and structural natures of technical artefacts », *Studies in History and Philosophy of Science*, 37/1, 2006, p. 5-18, 2006.

existante »[12]. Ainsi, l'attribution d'une fonction constitue l'acte fondateur d'une catégorie type. L'assignation d'une catégorie à un artefact lui fait hériter de la fonction type de cette catégorie. En d'autres mots, une fonction type est à l'origine assignée à une famille d'artefacts et l'affectation d'un nouvel artefact à cette famille lui permet d'hériter de cette fonction[13].

Cette attribution est communiquée par l'intermédiaire du manuel de l'opérateur, véritable agent d'une médiation entre concepteur et utilisateur, faisant le lien entre la cause finale, l'intention, la matérialité de l'objet technique et son opération. Mais il s'agit là aussi de la transmission d'un système de valeurs et normes, corollaire de la fonction réalisée. *In fine*, cette fonction est donc issue du processus de conception, mais son sens ne se limite pas à celui de l'intention et du cahier des charges. Encore faut-il que les utilisateurs croient en l'efficacité de l'artefact en tant que matérialisation de l'intention. Il y a donc une similitude avec les *affordances* anticipées par les concepteurs que nous avons vues précédemment. La fonction-type, dans la persistance de son actualisation, est érigée en archétype normatif de l'action à réaliser par l'usager à partir de l'objet.

1.2.2. Fonction systémique

La fonction systémique se définit par rapport au référentiel constitué par le système technique dans lequel l'artefact est implémenté. Cette fonction existe et permet la reproduction de l'objet dans la mesure où elle concourt à la réalisation de la fonction du système. La reproduction de l'objet prend alors la direction non pas de l'accroissement de sa valeur propre mais de sa valeur dans le référentiel donné. La fonction systémique ne reste donc pas centrée sur l'objet, ni sur l'utilisateur local, mais considère l'action à réaliser avec l'objet en fonction d'un référentiel et de finalités d'un ordre supérieur qui lui donnent son sens et sa valeur. Le tissu de normes qui accompagne la réalisation de cette fonction fait partie intégrante de l'écosystème local au sein duquel l'action est réalisée, et rend la

12. Kroes, P., *Technical Artefacts : Creations of Mind and Matter, A Philosophy of Engineering Design*, Dordrecht, Springer, 2012, p. 112.

13. Houkes, W. N., & Vermaas, P. E., *Technical functions : on the use and design of artefacts, Philosophy of engineering and technology*, Dordrecht, Springer, 2010, p. 88, « Table 4.2 », cité par P. Kroes, *Technical Artefacts*, *op. cit.*, p. 78.

perception de *l'affordance* correspondante non seulement perceptible mais souhaitable.

Par exemple : un réseau de neurones convolutifs, utilisés dans de nombreuses applications IA, a pour fonction première la détection de mélanomes, mais également une fonction systémique, en télé-dermatologie, de résolution du problème de la désertification médicale. Il permet encore la standardisation de la qualité de détection des mélanomes quelle que soit l'expérience du dermatologue ou l'endroit du territoire considéré.

1.2.3. Fonction d'usage

L'utilisateur peut se conformer passivement aux instructions telles qu'elles lui sont signifiées par le concepteur, auquel cas la fonction de l'artefact telle que perçue par l'utilisateur est la fonction type attendue. Cependant, l'utilisateur n'en reste pas moins un agent possiblement autonome dans le cadre opératoire de l'artefact, en particulier en se l'appropriant d'une façon qui n'est pas prévue par le concepteur. Il lui est donc loisible, à travers cette appropriation partagée au sein d'une communauté de pratiques, d'attribuer une autre fonction à l'artefact et *in fine* un autre sens, une autre valeur.

Il s'agit donc d'un nouveau type de fonction qui n'est pas pris en charge par les « causes » de la *tekhnê* aristotélicienne. Par ailleurs, cette catégorie renverse l'explication causale de la fonction. Dans le cas de la fonction type, l'intention était première, et la fonction précédait la matérialité qui la réalise. Dans ce cas de fonction d'usage, la matérialité de l'objet est première, ses capacités physiques, attendues ou non, existent préalablement à l'utilisation qui peut en être faite. L'état mental qui conduit à la constitution d'une fonction d'usage suppose d'abord la perception de l'objet dans sa matérialité, au sein des phénomènes qu'il génère ou qu'il permet de générer.

Cette catégorie, prenant en charge les usages, est celle qui est véritablement à rapprocher du concept d'*affordance*. De fait, cette affordancereprésente les « possibles », les actions potentielles qui sont suggérées par la matérialité de l'artefact. La fonction d'usage est donc à ce titre une *affordance* ; le résultat de la sélection persistante de celle-ci, disponible mais non anticipée, dans un contexte donné. Cette fonction d'usage résout l'indétermination fonctionnelle localisée dans la relation objet-utilisateur. Prenons, par exemple, le frein à main d'une voiture qui a pour fonction type d'être un frein de parking, c'est-à-dire de pouvoir immobiliser un véhicule en stationnement. La réalisation de cette fonction est le plus souvent obtenue par le blocage des roues arrière à l'aide d'un frein à disque commandé par un câble. Le fait qu'il bloque les roues arrière a pu être utilisé par des cascadeurs pour faire intentionnellement des dérapages contrôlés en virage, d'où la constitution d'une fonction d'usage dans la communauté des cascadeurs.

2. AIDE AU PILOTAGE ET FONCTIONS TECHNIQUES

Les systèmes modernes d'aide au pilotage constituent un assemblage complexe d'organes sensoriels permettant la captation des paramètres de l'avion dans son espace de navigation, d'ordinateurs de bord permettant le traitement informatique de ces paramètres, d'une interface permettant leur présentation – *apparemment transparente* – ainsi que la suggestion de stratégies de pilotage, et enfin d'automatismes permettant de simuler l'action humaine en agissant directement sur les gouvernes de l'avion. En ce sens, ils constituent une illustration exemplaire des systèmes d'aide à la décision, voire de prise de décision automatisée.

2.1. Apparition de l'aide au pilotage dans l'aéronautique civile moderne

Les années 1970 ont vu se multiplier les systèmes d'alerte, d'aide au pilotage et à la navigation, donnant lieu chacun à des dispositifs d'alarme, d'affichage et de contrôle, transformant au final le cockpit en un assemblage complexe de plus de cent dispositifs d'interfaçage permettant de visualiser et contrôler la situation de l'appareil, d'aider à la navigation, de prévenir des dangers potentiels [14].

Airbus propose dès le début des années 1980 deux innovations [15] de rupture qui transforment la réalité du pilotage :

14. Voir en ligne : https://www.nasa.gov/centers/langley/news/factsheets/Glasscockpit.html, consulté le 3 mai 2017.

15. Nous parlons d'innovations plutôt que d'inventions dans la mesure où elles ont été adoptées par le marché auquel elles étaient destinées.

1 le « Fly by wire » consiste en l'interfaçage électrique et digital des commandes de vol.

2 le « Glass cockpit » simplifie le tableau de bord en remplaçant l'agencement complexe et difficile à exploiter des affichages analogiques par une interface simplifiée composée d'écrans multimodaux à affichage digital. Il s'agit donc de faciliter l'accès à l'information, ainsi que la compréhension de la situation de l'avion dans l'espace local (*situational awareness*), dans son plan de vol, ou encore d'aider au pilotage, de façon à fluidifier les prises de décision et la mise en œuvre de stratégies de pilotage.

Au-delà d'une simplification du cockpit, il convient de nous interroger sur la destination de telles innovations, et en particulier sur les problèmes qu'elles devaient aider à résoudre.

2.2. Résolution de problème et intentionnalité

Selon Gilbert Simondon, « un problème existe dès qu'une conduite finalisée rencontre un obstacle à sa réalisation »[16]. Auquel cas l'artefact technique peut être considéré comme un moyen élaboré afin d'atteindre une fin, de résoudre un problème. Cette fin définit la fonction intentionnelle de l'objet sans pour autant déterminer les modalités physiques de réalisation de la fonction.

Dans le cas qui nous intéresse, la capacité technique à piloter un aéronef avec des passagers ou du fret à bord – donc à réaliser sa fonction-type – ne connaissait pas d'obstacle. L'émergence du « fly by wire » et du « glass cockpit » se situe en fait à l'intersection des intérêts de multiples acteurs et de la résolution des obstacles empêchant la réalisation de ces intérêts :

- Airbus Industries a besoin d'une innovation majeure afin de pouvoir rivaliser avec Bœing.

- Le développement économique de l'aéronautique civile demande aux compagnies aériennes de pouvoir réduire les coûts d'exploitation, cela passe en particulier par la

16. Simondon, G., « La résolution des problèmes », in *La résolution des problèmes* [1974], Paris, P.U.F., 2018.

réduction du nombre de navigants dans le cockpit (élimination du mécanicien-navigant).

- L'Organisation de l'Aviation Civile Internationale (OACI) a établi depuis le début des années 1960 que le développement du macro-système de l'aéronautique civile passait par l'amélioration drastique de la sécurité aérienne et donc la baisse des chiffres de l'accidentologie. De plus, cette amélioration passe surtout par la confiance que le public est prêt à accorder à cette sécurité.

L'intentionnalité du projet est donc à la convergence de problèmes d'ordres commercial, économique et sécuritaire. Et cette intentionnalité participe à la formation des attentes fonctionnelles du système.

2.3. Définition fonctionnelle de l'aide au pilotage

2.3.1. Fonction-type

Considérons la demande de brevet n°FR3086074 du 20 mars 2020 faite par Airbus Industries. Elle prend le titre de « Système et Procédé d'aide au pilotage d'un aéronef »[17]. Ce titre qualifie l'artefact en tant que dispositif en même temps qu'il en exprime sa finalité, et par extension la « fonction type » que ses concepteurs lui ont attribuée : « aider au pilotage d'un aéronef ». La déclaration de l'artefact ne se limite pas à l'énoncé de sa fonction, elle est suivie d'une description succincte des organes majeurs de l'appareil, ici un calculateur de gestion de vol et un calculateur de guidage. Il s'agit de montrer qu'une solution technique a été matériellement élaborée de façon à répondre à la fonction annoncée.

2.3.2. Fonction systémique

La fonction systémique impose de mettre l'artefact en perspective avec les attentes fonctionnelles du système. Dans le cas qui nous intéresse, ces dernières sont de plusieurs ordres selon le système considéré :

17. Voir https://bases-brevets.inpi.fr/fr/document/FR3086074.html? s=1601300445961&p=5&cHash=fbc88cc424f709aaa833bfca356393f9, consulté le 28 septembre 2020.

- en ce qui concerne le macro-système de l'aéronautique civile, il s'agit de maximiser les conditions de sécurité des vols.
- en ce qui concerne le système constitué par la compagnie aérienne, il s'agit d'optimiser le coût d'exploitation d'une liaison aérienne, et donc en particulier de minimiser la consommation de kérosène.

En parallèle à cette assignation de fonctions systémiques à l'artefact, des normes d'exploitation sont édictées, à la fois par le macro-système pour que l'exploitation soit réalisée selon des standards d'utilisation garantissant une sécurité maximale, et par la compagnie aérienne pour que cette exploitation maximise la rentabilité. De fait, cela se traduit par des injonctions explicites, parce que stipulées dans les SARP[18] (*Standards and Recommended Practices* – « Normes et procédures recommandées ») de l'OACI ou dans les checklists, les manuels de pilotage et la formation, mais aussi par des impératifs implicites puisque, par exemple, le fait de débrayer le pilote automatique en vol ou de ne pas suivre ses recommandations de vol donne lieu à des justifications administratives pour le commandant de bord.

2.3.3. Fonction d'usage

Le contexte de l'action du pilote se situe au carrefour des injonctions des concepteurs et du système d'accueil, codifiées selon un maillage de standards et de procédures. Il y a donc une tension sous-jacente entre deux normativités disciplinaires parfaitement codifiées. Cette tension normative est aussi le signifiant d'une tension fonctionnelle entre fonction-type et fonction systémique qui est par ailleurs d'ordre socioculturel. Dans la relation du pilote à la technique, il y a une forme de relation à un autre, différent, mais doté implicitement d'une forme d'autonomie. « Technique ne désigne pas un objet mais une différence, une exploration toute nouvelle de l'être en tant qu'autre, une nouvelle déclinaison de l'altérité »[19]. Cette tension socioculturelle se cristallise dans la relation

18. *Convention on International Civil Aviation*, 7 décembre 1944, chap. VI, art. 37-42, p. 19-22.
19. Latour, B., *Enquête sur les modes d'existence*, Paris, La Découverte, 2012, p. 227.

homme-machine, par une rivalité entre ce que Alain Gras nomme la logique du sol[20], issue des concepteurs, et la logique de l'air, celle des pilotes, par une concurrence entre différentes cultures aéronautiques. Cette tension normative, socio-culturelle et fonctionnelle se résout dans l'établissement d'une forme de normalité de la relation homme-machine, issue de l'appropriation que les pilotes humains ont pu faire de ces nouvelles technologies ; elle se résout donc à travers l'établissement de fonction(s) d'usage, au carrefour des fonctions type et systémique, engageant de façon nécessaire une forme d'autonomie du pilote.

3. PILOTAGE, AIDE AU PILOTAGE ET AUTONOMIE

3.1. Définition de l'autonomie et du sujet de l'autonomie

Une première définition de l'autonomie renvoie à son étymologie et à la définition kantienne : du grec *autos*, soi-même, et *nomos*, la règle, donc la capacité de s'appliquer une règle à soi-même. L'autonomie peut aussi faire référence à une capacité de fonctionnement indépendamment d'un contrôle ou d'apports extérieurs. D'autres acceptions sont possibles : dans le domaine des nouvelles technologies, on parle de façon anthropomorphique de véhicules autonomes, qui sont des véhicules pouvant remplir une mission (assignée de façon externe) indépendamment d'un conducteur. Ces définitions relèvent plus d'une notion d'indépendance vis-à-vis d'un opérateur externe que d'une capacité à l'auto-gouvernance. Enfin, dans le domaine de l'informatique, à l'instar de Stuart Russell et Peter Norvig[21], Pattie Maes[22], Michael Wooldridge et Nicholas Jennings[23], nous retiendrons qu'un agent autonome peut être considéré comme un artefact computationnel, capable de percevoir son

20. Gras, A., Moricot, C., Poirot-Delpech, S., & Scardigli, V., *Face à l'Automate, le pilote, le contrôleur et l'ingénieur*, Paris, Publications de la Sorbonne, 1994, p. 253.

21. Russell, S. J., & Norvig, P., *Artificial Intelligence : A Modern Approach*, Englewood Cliffs, (NJ), Prentice Hall, 1995, p. 33.

22. Maes, P., « Artificial Life Meets Entertainment : Life like Autonomous Agents », *Communications of the ACM*, 38/11, 1995, p. 108.

23. Wooldridge, M., & Jennings, N. R., « Agent Theories, Architectures, and Languages : a Survey », in *id.* (eds), *Intelligent Agents*, Berlin, Springer-Verlag, 1995, p. 1-39, plus part. p. 2.

environnement et d'agir sur celui-ci en ayant une forme de contrôle sur ses propres actions et ses états internes sans l'intervention d'un tiers, ce qui renvoie à une forme cybernétique d'autonomie.

Il est également possible d'envisager l'autonomie humaine au sein de la relation homme-machine. Ainsi, parler de fonction d'usage, c'est sans doute déjà considérer une forme d'autonomie de l'usager, ne serait-ce que par l'appropriation qu'il fait d'un objet technique. Dans la relation qu'il entretient avec l'objet technique, l'établissement d'une fonction, type ou systémique, induit une contrainte normative sur les actions possibles. Une autonomie fonctionnelle ne peut se loger que dans l'indétermination qui subsiste face à cet établissement et au tissu de réglementations qui l'accompagne. C'est cette autonomie qui est nécessaire à l'émergence d'une fonction d'usage. Celle-ci est attribuée par un usage persistant au sein d'une communauté de *praxis*. Une fois établie, elle fixe une pratique collective, génère un *habitus*[24], et donc une forme d'injonction socio-culturelle sur le geste pratique à accomplir afin de réaliser l'action singulière souhaitée. À ce titre, la fonction d'usage ainsi générée renie l'autonomie qui a présidé à son émergence.

Pour autant, les fonctions étant établies, les *affordances* non anticipées sont toujours disponibles. Elles restent signifiées à la perception de l'usager. Ce dernier peut les sélectionner mais cela requiert de sa part une capacité individuelle à gouverner ses jugements de façon autonome, dans une situation particulière. Cela requiert qu'il exerce une autonomie que nous qualifions d'« *affordancielle* ».

3.2. Pilotage et outil-extension de la cognition

L'avion traditionnel, à travers un réseau de commandes mécaniques et hydraulique peut être considéré comme l'extension des actions du pilote, une forme d'extension prothétique palliant l'incapacité de l'homme à voler par lui-même. De la même façon, l'ensemble des capteurs, dont la mesure est affichée dans des cadrans analogiques, relèvent de l'augmentation des sens du pilote. Ce dernier, dans son activité de pilotage, « fait corps » avec « sa »

24. Mauss, M., « Les techniques du corps » [1935], in *Techniques, Technologies et Civilisation*, Paris, P.U.F., 2012, p. 365-394, plus part. p. 371.

machine, outil d'extension dans une relation sans intermédiaire avec l'espace aérien. Les gouvernes font ainsi office d'outils, extensions de la main du pilote à partir desquelles il obtient un retour d'expérience de son action : les commandes sont dures, sentiment de dérapage, d'accélération, d'ascension… Nous sommes ici dans la position historique de l'aviation classique, le pilote humain peut sélectionner les *affordances* techniques, mettre en œuvre les fonctions-type et d'usage de l'aéronef qui vont lui permettre de réaliser son vol. L'humain est de fait autonome, de façon contingente à l'environnement systémique, et historiquement il a pu l'être pleinement, par exemple dans les années 1950 lorsque celui-ci était libre de choisir jusqu'à son plan de vol.

3.3. Aide au pilotage et gestion distanciée du système-avion

Dans le cas de l'aéronautique moderne, tant l'aide au pilotage que les modalités de gouverne de l'avion sont médiées par l'informatique et l'électronique. Les commandes électriques mettent le pilote à distance de son action sur les gouvernes sans retour d'expérience sensoriel, les capteurs renvoient une information qui est formatée, traitée de nouveau et affichée digitalement. Les calculateurs de gestion de vol et de guidage génèrent des suggestions d'actions à réaliser, à destination soit du pilote, soit du pilote automatique ; ces suggestions de pilotage sont le résultat de computations complexes dont les déterminants ne sont pas nécessairement accessibles de façon transparente au pilote. La relation de l'homme à la machine et à son environnement est transformée. Le pilote est mis à distance tant de la réalité phénoménologique de l'avion que de l'actualisation de son « agir », de son « piloter ».

Cette mise à distance générale du pilote, d'un point de vue à la fois sensoriel et cognitif, met en évidence l'aliénation de ses fonctions de captation, d'appréhension de la réalité du vol ; elle met aussi en évidence la dimension normative d'un automate dont les *affordances* sont anticipées, normées, explicitement suggérées à l'utilisateur sous une forme injonctive. Les fonctions d'extension, ayant disparu, transforment l'aide au pilotage en une orthèse compensant l'incapacité fonctionnelle qui a émergé. Le rôle du pilote s'est ainsi déplacé de pilote en prise directe avec son environnement, il est devenu gestionnaire d'un système de pilotage[25].

Certes, l'avion considéré de façon holistique, y compris l'aide au pilotage, revêt toutes les caractéristiques d'un agent autonome : capable de percevoir son environnement de déplacement, d'agir sur lui tout en contrôlant à la fois ses actions sur les gouvernes et les états internes de l'avion, le tout sans l'intervention du pilote. Pour autant, cette autonomie est à nuancer : elle relève d'un automatisme, d'une capacité fonctionnelle attribuée dès sa conception. Elle est contrainte à la fois par la fonction-type définie par les concepteurs du système intelligent d'aide au pilotage, mais aussi par les standards et procédures imposés par le système.

3.4. Concrétisation du système technique et autonomie

Changeons de référentiel et considérons le système-avion, c'est-à-dire le système technique entier dont l'aide au pilotage et le pilote ne sont que des éléments. Ainsi, dans son analyse du moteur d'automobile, Gilbert Simondon envisage sa genèse à travers « l'examen intérieur des régimes de causalité et des formes en tant qu'elles sont adaptées à ces régimes de causalité »[26]. Il ajoute que dans un moteur moderne (par opposition au moteur ancien), « chaque pièce importante est tellement rattachée aux autres par des échanges réciproques d'énergie qu'elle ne peut être autre qu'elle n'est » ; c'est ce processus d'adaptation fonctionnelle qu'il nomme « concrétisation ». À travers ce processus, les jeux fonctionnels entre pièces sont minimisés de façon à optimiser les échanges. D'une façon similaire, dans le système-avion, les éléments ou organes mis en jeu au sein du processus de pilotage doivent interagir de façon à minimiser les risques et les incertitudes liées à la réalisation du vol, et de manière à ce que les fonctions type et systémique soient réalisées au mieux. Auquel cas l'autonomie d'un organe en particulier n'a pas de sens en tant que tel, cet organe étant contraint fonctionnellement par ses interactions avec les autres. La question du dépassement cognitif de

25. Dubey, G., « Autonome comme si vous l'étiez », *La nouvelle revue du travail*, 4, 2014, mis en ligne le 26 avril 2014, http://nrt.revues.org/1612; DOI : 10.4000/nrt. 1612, consulté le 3 février 2017.

26. Simondon, G., *Du mode d'existence des objets techniques* [1958], Paris, Aubier, 2012, p. 23.

l'homme par la machine n'a alors pas de sens non plus puisqu'ils sont tous deux des éléments fonctionnels collaborant à la réalisation de la fonction du système. Une telle concrétisation a donc déplacé le rôle de l'homme pour le mettre dans une position où il est devenu adapté au nouveau système technique et non pas en concurrence avec lui, dans une forme de collaboration avec l'artefact.

3.5. Transparence et Autonomie

Cette référence au concept de *concrétisation* retranscrit la genèse fonctionnelle de la relation technique entre composantes d'un système-avion. Cette *concrétisation* procède d'un double mouvement : d'une part d'une intentionnalité externe au système-avion, qui préside à la conception fonctionnelle du système et à l'établissement de ses normes de fonctionnement ; d'autre part de l'adaptation interne des composantes les unes aux autres. L'utilisateur humain participe à cette adaptation interne en s'appropriant la machine, en lui donnant une fonction d'usage – *in fine* du sens – et une existence dans un processus normatif autonome.

Cette appropriation semble pourtant tronquée. Il y a une forme d'opacité de la machine rendant le pilote incapable d'avoir une vraie représentation de l'avion et de se l'approprier pleinement, comme cela pouvait être le cas sur les avions classiques et dans la logique de l'air. Malgré l'intention explicite de mettre à la disposition du pilote l'ensemble des informations de vol pertinentes, et l'apparente transparence que cette présentation revêt, le pilote n'a qu'un accès très limité aux spectres d'*affordances*.

Certes, le pilote a toujours cette capacité à l'autonomie, à « débrayer » le pilote automatique et à « reprendre la main ». Pourtant cette capacité à « reprendre la main » est tronquée par le voile mis sur le traitement des données de vol avant leur présentation. Les pilotes ne peuvent plus ressentir la réalité du vol qu'à travers le prisme des écrans. Même si les données re-présentées signifient prioritairement l'actualisation des affordances prévisibles et habituelles, elles censurent par ailleurs la perception par le pilote de celles qui ne sont pas habituellement sélectionnées, contraignant la possibilité de leur actualisation fonctionnelle.

Il y a donc un certain assujettissement des pilotes à la machine en tant qu'intermédiaire obligé avec la réalité de l'avion dans son environnement extérieur, qui plus est à travers le quadrillage fonctionnel et normatif qui règle son activité. Et pourtant, ainsi que le rappelle James Reason[27], dans le cadre d'un système-sécurité le pilote doit encore être détenteur de cette autonomie qui le maintien en capacité de distance critique vis-à-vis du système qu'il gère. Il doit encore être capable de reprendre la machine en main lorsqu'elle sort de la normalité d'un vol.

Un exemple frappant des problèmes générés par cette tension est celui du vol AF447 (Rio-Paris) de la nuit du 31 mai au 1 er juin 2009. Jusqu'à un instant *t*, le pilotage était délégué au pilote automatique, la stratégie et la gestion du vol étant l'apanage du commandant de bord ou de son co-pilote. À 2 h 10 mn 6,04 s, le pilote automatique rend la main aux pilotes de façon automatisée. Il est passé en loi *alternate 2B*[28]. L'information relative aux raisons de ce passage en loi *alternate* n'est pas fournie. Les informations de vol continuent à être présentées sur l'écran de l'ordinateur de bord. Les pilotes ne savent pas que les sondes Pitot ont gelé, que les mesures de pression dynamique, donc de vitesse, ne sont pas valides, et ils n'auront à aucun moment accès à cette connaissance. L'opacité du système et l'assujettissement « normalisé » des pilotes à leur aide informatisée les ont empêchés de percevoir, d'un point de vue tant cognitif que physique, la réalité de l'avion dans son espace. Lorsque le contrôle automatisé de l'avion a été rendu aux pilotes humains, ces derniers ont continué à piloter « as per book », en fonction des informations qui continuaient à leur être signifiées par l'ordinateur de bord, sans être capables de les remettre en question. Ils sont restés dans un mode « concret » et « fonctionnel » de vol, en collaborant avec l'ordinateur de bord, lorsqu'ils auraient dû passer en mode « dégradé », en sélectionnant de façon autonome des *affordances* disponibles, c'est-à-dire en étant capables de sortir des habitudes

27. Reason, J., *L'erreur humaine* [1993], Paris, Presses des Mines, 2013, p. 263 : « le maintien de l'homme dans des systèmes essentiellement contrôlés par des ordinateurs "intelligents" est le traitement nécessaire des situations d'urgence non prévues au moment de la conception ».

28. Plus de protections – en particulier plus la protection d'incidence – sauf celle du facteur de charge.

fonctionnelles pour actualiser l'*affordance* adaptée à une situation donnée, même sous-spécifiée. Les nouvelles actions possibles qui ont émergé après le désengagement de l'automate n'ont pas été perçues par les pilotes et n'ont donc pas pu être actualisées. L'opacité sémiotique du désengagement de l'automate a maintenu actives les *affordances* habituelles, les fonctions type prévues lors de la conception du cockpit, ainsi que les fonctions d'usage découlant des savoirs et savoir-faire acquis et qui intègrent l'automate dans la distribution de la cognition dans le cockpit.

Alors que chez Simondon, la concrétisation d'un moteur liait les organes par des échanges d'énergie, la concrétisation du système-avion lie ses organes par des échanges d'informations. Dans ce cadre, l'opacité n'est pas obligée, la nécessité de transparence est évaluée seulement à l'aune de la pertinence des informations. Ces échanges d'informations entre éléments du système, sur une « need to know basis », suffisent amplement à des conditions normales de vol, mais sous-déterminent la situation en dehors de ce domaine de validité. D'autre part, nous venons de voir de quelle façon la concrétisation du système-avion oblige tant le pilote que la machine dans des modalités fonctionnelles pour lesquelles ils se sont adaptés l'un à l'autre, et ce même après que le pilote a été amputé de la machine – qui devient ainsi un membre fantôme. Cette injonction fonctionnelle qui fait perdre son autonomie critique au pilote, doublée de la sous-spécification informationnelle de la situation, rend la reprise en main de l'avion difficile, voire impossible dans le cas ci-dessus.

CONCLUSION

À travers l'implémentation de systèmes de plus en plus complexes d'aide à la décision, voire de prise de décision, le mouvement engagé dans la genèse des avions modernes a été celui de la concrétisation d'un processus industriel, chaque élément qui entre en compte dans la réalisation de ce processus y devenant de plus en plus spécialisé, de plus en plus imbriqué dans les interactions avec les autres composantes. Il ne s'agit pas là d'offrir plus d'autonomie à un quelconque des éléments du système mais bien au contraire de les contraindre les uns par rapport aux autres, au sein d'un ensemble technique. En d'autres termes, même s'il est devenu gestionnaire de système, l'homme est devenu aussi un élément dans la réalisation d'un processus, un organe spécialisé dans la gestion du système, dans une nouvelle relation distanciée avec le réel. Les commandes et les capteurs ne sont plus cette extension prothétique du corps et des sens qui assurait au pilote une relation compréhensive au monde. Ils sont des organes du système qui interagissent avec les autres organes. L'ancienne relation compréhensive au monde, dont l'aliénation a été décriée par Hannah Arendt[29], a été remplacée par des échanges d'informations avec les autres organes du système. Ces échanges d'informations sont eux aussi contraints, de façon externe, par les fonctions qui en définissent le contenu et la présentation. Ces informations sont les signes d'*affordances*, les signes permettant de sélectionner les actions à accomplir ; elles sont donc gérées, traitées, autorisées, empêchées ou présentées, afin d'optimiser le processus. La transparence n'existe alors que si elle est nécessaire à la bonne réalisation du processus ou encore si un impératif fonctionnel la réclame – impératif qui peut d'ailleurs relever d'une fonction éthique.

In fine, l'autonomie nécessaire à la gestion des situations imprévues ne se loge pas dans l'indétermination fonctionnelle. Cette autonomie « *affordancielle* » consiste en la capacité du pilote à actualiser des *affordances* correspondant à une situation donnée malgré le maillage fonctionnel d'*habitus* et de contraintes normatives.

Les systèmes contemporains d'aide à la décision intègrent le plus souvent une composante d'intelligence artificielle. Ce que nous venons de décrire concernant la relation homme-machine dans l'aéronautique civile reste pertinent en particulier dans les industries à risque pour lesquelles la dimension « sécurité » est primordiale. Il convient alors, lors de l'implémentation de telles solutions, de s'interroger sur les modalités du maintien d'une nécessaire autonomie de l'opérateur de la machine, seule garante de la gestion des situations imprévues. C'est bien le maintien de cette autonomie qui assure ce que Hannah Arendt nomme notre « sixième sens », notre « sens commun » qui, gouvernant nos autres sens, « intègre l'homme dans la réalité qui l'environne »[30].

29. Arendt, H., *Condition de l'Homme Moderne* [1958], Paris, Calmann-Lévy, 1983, p. 319.
30. *Ibid.*, p. 346.

PISTES, REVUE DE PHILOSOPHIE CONTEMPORAINE 2 (2022)
124 P., ISBN : 978-2-7116-8426-7, P. 69-85, VRIN.

Restaurer la confiance dans les algorithmes avec l'exigence d'applicabilité

Églantine SCHMITT

RÉSUMÉ

De nombreux gestes du quotidien reposent aujourd'hui sur les résultats du calcul d'un algorithme. Ces opérations mathématiques suscitent une défiance que l'on veut souvent résoudre par davantage de transparence, et notamment par la mise à disposition du code des programmes. En m'appuyant sur des observations de terrain dans le monde de l'industrie logicielle et sur ses pratiques en matière d'apprentissage automatique, je montre les limites de cette exigence et propose à la place l'instauration d'un récit explicatif visant à restaurer la confiance envers les concepteurs et conceptrices d'algorithmes. Un tel récit met au jour la situation de conception de l'algorithme, ses intentions et la mécanique organisationnelle dans laquelle elle s'inscrit : il mobilise une épistémologie sociale qui permet de réinstaurer un dialogue sur les questions morales posées par ces technologies.

Mots-clés : algorithmes ; industrie logicielle ; intelligence artificielle ; philosophie des sciences ; éthique.

Depuis ses débuts dans les années 1950, l'intelligence artificielle alimente beaucoup de fantasmes et de craintes. Les avancées technologiques et scientifiques revendiquées par ce domaine, combinées à la présence médiatique des grandes plateformes du numérique du XXIe siècle, continuent de nos jours à nourrir des discours et des affects qui sont rarement ancrés dans une connaissance empirique de ce qui se joue concrètement. Devant la crainte d'une intelligence artificielle toute puissante et hors de contrôle, celle-ci est sommée de rendre des comptes à ses usagers.

Cette exigence de transparence n'est pas une mauvaise chose en soi : ces technologies affectent aujourd'hui largement notre quotidien. De l'achat d'un billet de train à l'accès à nos études supérieures, de la recherche d'un itinéraire en voiture à l'obtention d'un prêt bancaire, de nombreux gestes reposent sur les résultats du calcul d'un algorithme. Un dysfonctionnement, ou même un fonctionnement nominal, peut occasionner des discriminations de genre, d'âge, d'origine sociale, de couleur de peau ou encore de niveau de revenu. Ces technologies qu'on voulait neutres, aveugles comme la justice, perpétuent, voire renforcent, les inégalités qu'elles devaient effacer.

Introduire davantage de transparence dans le fonctionnement de ces technologies ne garantit toutefois en rien qu'elles cesseront de propager ces inégalités. En m'appuyant sur des recherches et observations de terrain dans le monde de l'industrie logicielle, je souhaite montrer qu'il est possible de formuler de meilleures exigences, davantage en phase avec la réalité de l'intelligence artificielle et plus efficaces dans la compréhension et le pouvoir d'action qu'elles peuvent nous apporter.

Pour ce faire, je clarifie tout d'abord le concept d'intelligence artificielle, de manière à pouvoir montrer que l'exigence de transparence telle qu'elle est thématisée aujourd'hui s'y applique difficilement. On verra ainsi que cette transparence peut ne pas être ni possible, ni souhaitable. En interrogeant les origines de la crise de confiance dans les algorithmes, je propose ensuite de répondre à cette crise par un exercice d'explication de la situation de conception de l'algorithme. Cet exercice me semble clé pour restaurer la confiance en instaurant un dialogue entre des acteurs inégaux dans leurs connaissances relatives au sujet. Je propose enfin d'examiner les vertus qui rendent possible cette épistémologie de la confiance entre ingénieur-e-s dans l'industrie logicielle, afin de substituer à l'exigence de transparence une exigence d'explicabilité de la mécanique organisationnelle de construction des algorithmes.

1. CE QU'ON VEUT DIRE QUAND ON PARLE D'INTELLIGENCE ARTIFICIELLE

Sans doute mal nommée, l'intelligence artificielle est un concept qui fait peur, en suggérant l'idée d'une altérité pensante qui nous menacerait dans ce qui fait de nous des humains doués de raison. Les œuvres de fiction nourrissent ainsi un imaginaire où des créatures artificielles malveillantes dépasseraient les capacités de leurs créateurs. Des mythes comme celui de Pygmalion ou du golem, des œuvres littéraires ou cinématographiques comme *Frankenstein*, *2001, Odyssée de l'espace* ou encore *Terminator*, répètent le motif du démiurge dépassé par sa création.

Projet de recherche formulé dans les années 1950, notamment à l'occasion de la conférence de Dartmouth (1956), l'intelligence artificielle a pour ambitions initiales d'accroître nos connaissances sur les capacités de l'esprit humain. En effet, pour construire des machines qui pensent, il faut avoir compris précisément ce que penser veut dire pour pouvoir l'implémenter dans une machine. Il s'agit donc d'un programme scientifique et technologique construit sur les hypothèses et connaissances en sciences cognitives de l'époque. Néanmoins, au terme de multiples déconvenues et critiques externes, la communauté de l'intelligence artificielle finit par réviser ses ambitions. Sans avoir changé d'objet, elle se concentre à partir du tournant des années 1990 sur des problèmes essentiellement technologiques, et notamment sur de multiples méthodes d'analyse de données présentes sous forme de texte, d'images ou de valeurs chiffrées, les *big data*[1]. Il n'est dès lors plus question de construire « une intelligence artificielle » pensante et autonome.

1. Pour une présentation plus détaillée de la révision des ambitions de l'intelligence artificielle, je renvoie la lectrice/le lecteur au chap. V de ma thèse de doctorat : Schmitt, É., *Explorer, visualiser, décider : un paradigme méthodologique pour la production de connaissances à partir des big data*, thèse de doctorat, Université de technologie de Compiègne, soutenue en 2018.

Les acteurs du numérique n'ont pas cessé pour autant d'entretenir la confusion et de revendiquer la mise au point d'une intelligence artificielle qui aurait inventé son propre langage, composé de la musique, rendu une décision de justice, guéri un cancer… Ces effets d'annonce recouvrent une multitude de réalités, allant de calculs ou de règles explicites très simples à des procédures computationnelles plus sophistiquées, en passant par des « Turcs mécaniques » où le support numérique crée l'illusion d'un traitement automatisé qui est en réalité effectué à la main par un humain.

Au sein des procédures plus sophistiquées, il y a tout un spectre entre des approches dites symboliques ou formelles, qui permettent d'expliciter une procédure de calcul, et des approches dites connexionnistes, qui vont générer une procédure à partir d'un ensemble de données : cette procédure générée automatiquement sera généralement peu intelligible. Aussi, lorsqu'on invoque une exigence de transparence vis-à-vis de ces procédures qui portent l'étiquette d'intelligence artificielle, on peut être en train de formuler des demandes de nature très variée, entre des procédures explicites et d'autres opaques par nature.

2. DÉPASSER L'EXIGENCE DE TRANSPARENCE EN INTELLIGENCE ARTIFICIELLE

Il est ainsi tout à fait possible d'expliciter une procédure algorithmique dite symbolique. Un algorithme est une suite finie d'étapes explicites et formalisées qui peut être exprimée dans un langage informatique, en « langue naturelle », en français par exemple, et/ou avec une représentation graphique tel qu'un schéma. À titre d'exemple, la métropole de Nantes propose une tarification de l'eau qui lui permet d'établir le montant d'aide qu'elle accordera à une personne en fonction de sa situation administrative, familiale et de son niveau de revenu. Pour déterminer cette aide, la métropole utilise un algorithme relativement simple, dont l'ensemble des étapes peut être explicité.

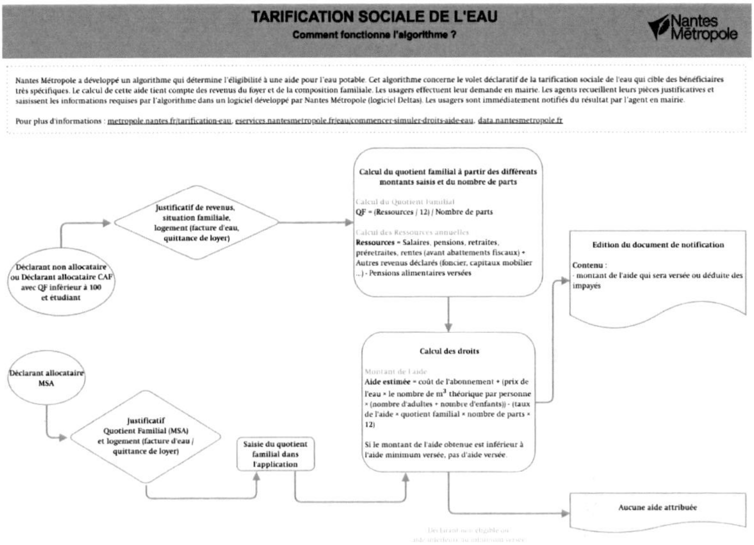

Fig. 1 : L'algorithme de tarification sociale de l'eau de Nantes Métropole. Capture d'écran réalisée en septembre 2020 sur la page https://data.nantesmetropole.fr/pages/algorithmes_nantes_metropole/

La capacité d'un algorithme à être explicité entièrement ou non vient par degré. Parmi les nombreuses familles d'algorithmes qui constituent aujourd'hui les sciences des données (*data sciences*), les arbres de décision sont généralement considérés comme les plus explicites. Lorsqu'on l'applique à l'un des jeux de données les plus utilisés en *data science* –la liste des passagers du Titanic précisant ceux qui ont survécu – on peut rétrospectivement calculer les facteurs de survie.

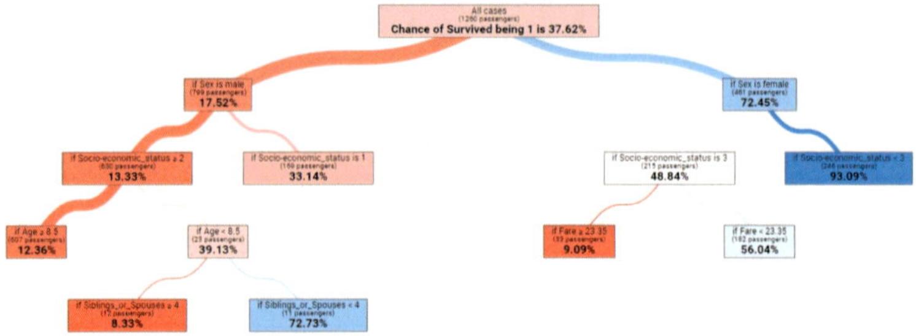

Fig. 2 : Visualisation d'un algorithme d'arbre de décision appliqué au jeu de données « Titanic », par l'utilisateur « DataPro23 » sur Reddit. https://www.reddit.com/r/dataisbeautiful/comments/6370gz/titanic_dataset_from_kaggle_targeted_value_is/

L'algorithme ainsi appliqué ne permet pas de prédire précisément pour chaque cas, c'est-à-dire chaque passager, s'il aurait survécu ou non, mais de déterminer pour chacun une probabilité de survie sur la base des facteurs présents dans le jeu de données, comme le genre, l'âge, ou s'il voyageait en première classe. On notera toutefois qu'il ne s'agit plus de décrire l'algorithme lui-même, c'est-à-dire comment on arrive à un résultat, mais le résultat lui-même. Ce glissement est important à observer notamment dans le contexte de l'exigence de transparence. En effet, qu'est-ce qui est transparent exactement ? La transparence des algorithmes se comprend souvent comme la transparence du code source lui-même. Il s'agirait donc de mettre à disposition le code, généralement en open source, pour faire acte de transparence. À titre d'exemple, la documentation de l'application TousAntiCovid, développée en 2020 par Inria dans le cadre de la lutte contre la pandémie de Covid19, inscrit dans les « cinq fondements qui ont guidé [s]es développements »

> la transparence, qui passe notamment par la diffusion, sous une licence open source, des travaux spécifiques menés dans le cadre du projet. L'objectif est d'apporter toutes les garanties : transparence des algorithmes, code ouvert à terme, interopérabilité, auditabilité, sécurité et réversibilité des solutions [2].

2. En ligne : https://gitlab.inria.fr/stopcovid19/accueil, consulté le 29 décembre 2022.

Cette démarche n'a pas que des défauts. Mettre à disposition le code d'un algorithme suggère que l'on n'essaie pas de dissimuler quelque chose et laisse penser qu'on n'a pas d'intention malveillante. Cela suggère également qu'il nous paraît d'une qualité suffisante pour être soumis à la critique. D'autres personnes pourront également proposer des modifications pour en augmenter la qualité, ou signaler les problèmes qui se poseraient : ce sont les principaux arguments du mouvement *open source* qui prône l'ouverture du code des programmes. Néanmoins, ces arguments sont valables lorsqu'une communauté d'experts est mobilisée sur un programme en particulier. Pour le commun des mortels, avoir accès au code des programmes n'est d'aucune utilité : en tant que non spécialiste de sécurité numérique, consulter le code de l'application *TousAntiCovid* ne me permet pas de déterminer par moi-même si cette application respecte effectivement ma vie privée et ne va pas, par exemple, récupérer des données de l'application Facebook qui serait également installée sur mon téléphone. Pour ce faire, je dois avoir confiance dans le système constitué des commanditaires de l'application, de leurs auteurs, de la communauté d'experts en sécurité informatique dont certains membres vont prendre le temps d'examiner ce code, des médias qui diffuseraient une éventuelle faille, etc. Si j'éprouve une défiance de principe envers le gouvernement, aucune dissection d'un programme développé sous son impulsion ne pourra restaurer sa crédibilité à mes yeux. La confiance que je peux avoir dans cette application ne repose donc pas en soi sur la transparence de son code, mais sur d'autres vertus comme la moralité des commanditaires, le sérieux des auteurs, la disponibilité des relecteurs, en somme l'intention de bien faire et le temps effectif consacré à réaliser cette intention.

Cette exigence de transparence du code est d'autant plus fragilisée que la capacité d'un algorithme à être explicité entièrement ou non vient ainsi par degré. Le propre des approches connexionnistes, fondées sur le *deep learning*, est que l'auteur même du programme n'est pas en mesure d'en expliquer les résultats. Avoir accès au code, ou même l'avoir écrit, ne change rien au fait qu'il n'est pas possible d'expliquer un résultat en retraçant la procédure qui a été exécutée.

Comme l'expliquent Michael Resch et Andreas Kaminski[3], il y a trop de paramètres interdépendants pour qu'il soit possible de comprendre de manière détaillée comment les résultats sont obtenus.

Par ailleurs, les auteurs de ces programmes n'ont pas forcément intérêt à mettre à disposition leur code : les entreprises qui les commercialisent peuvent vouloir conserver leur avantage économique et amortir leurs dépenses en recherche et développement sans que d'autres revendent le même service moins cher. De plus les détails de certaines procédures gagnent à être gardées secrètes : si je mets au point un programme qui vise à prédire la fraude dans les transports, je n'ai pas intérêt à en révéler la mécanique auprès des personnes qui ont l'intention de frauder et pourraient alors éviter les endroits prédits par l'algorithme. Qu'ils aient ou non l'étiquette d'intelligence artificielle, les programmes font aussi l'objet d'une guerre économique et technologique dans laquelle l'exigence de transparence accroît le risque de défaite. Il nous faut donc imaginer une manière de rendre compte des algorithmes qui puisse à la fois préserver les acteurs économiques et informer réellement l'ensemble des publics sur leur teneur et leurs risques.

3. RESTAURER LA CONFIANCE DANS LES ALGORITHMES

Ce n'est pas la première fois dans l'histoire des sciences et des technologies que l'on est face à un objet qui partage le monde entre ceux qui comprennent comment il fonctionne et ceux qui l'utilisent sans le comprendre (étant entendu, bien sûr, qu'il ne s'agit pas de deux catégories strictes, mais de degrés de compréhension – et d'acceptation – variables). La plupart d'entre nous accepte de prendre l'avion, de payer ses impôts, de se faire vacciner, de se chauffer avec de l'électricité provenant de centrales nucléaires. Nous n'avons pas besoin de comprendre comment les choses

3. Resch, M., & Kaminski, A., « The Epistemic Importance of Technology in Computer Simulation and Machine Learning », *Minds and Machines*, 29/1, 2019, p. 9-17.

fonctionnent pour les utiliser. Pourquoi y a-t-il donc aujourd'hui des exigences différentes vis-à-vis des algorithmes ?

Une première explication est qu'il y aurait un risque moral, voire physique, à utiliser ces programmes. Des technologies qui nous paraissaient « neutres » ou inoffensives ont révélé qu'elles pouvaient créer des dommages moraux insoupçonnés. Ces révélations renforcent la défiance déjà installée qui peut exister vis-à-vis de ces programmes, en particulier dans un contexte plus général de crainte de l'intelligence artificielle évoqué plus haut. Ainsi, en septembre 2020, six mois après les débuts de l'épidémie de Covid-19, alors que bon nombre d'entre nous avait utilisé massivement des outils de visioconférence dans l'année, le doctorant en sciences de l'éducation Colin Madland nous a révélé sur Twitter[4] que l'application Zoom, qui permet de remplacer notre arrière-plan par une image de notre choix, est incapable de reconnaître des visages noirs et les gomme automatiquement.

Fig. 3 : À gauche, personne noire donc le visage n'est pas reconnu par l'application Zoom, et supprimé à l'écran en même temps que son arrière-plan. Colin Madland, à droite, a un visage blanc qui est bien reconnu et non supprimé par l'application

De la désinformation à la discrimination, il n'y a pas une grande plateforme du numérique qui ne soit en cause dans la mise à disposition d'algorithmes moralement discutables. Néanmoins, si l'on interrogeait chaque personne ayant participé à la conception et à la mise en œuvre de chacun de ces algorithmes, il est fort à parier que l'on n'y trouverait nulle part l'intention de désinformer ou de

4. En ligne : https://twitter.com/colinmadland/status/1307115534383710208, consulté le 29 décembre 2022. L'histoire ne s'arrête pas là car en partageant sa découverte, Colin Madland s'est également rendu compte que Twitter "miniaturisait" à son tour les images et en sélectionnait une partie ; l'algorithme de miniaturisation sélectionnait également la partie de l'image avec son visage blanc et masquait l'autre moitié avec son interlocuteur noir.

discriminer. Il est tout aussi malaisé d'attribuer une intention de nuire à une organisation, qui n'est pas en soi un être conscient doué d'intentionnalité, ni la simple somme des individualités qui la constituent. Pour comprendre comment de tels artefacts émergent, il nous faut donc analyser ces événements sans supposer une intention de nuire, et déterminer d'autres défauts moraux individuels et collectifs, comme la négligence ou le vide de responsabilité.

Pour parvenir à cette compréhension, je propose le concept de *situation*. Il me semble en effet que chacun de ces événements procèdent chaque fois d'une situation spécifique dont les paramètres conduisent presque mécaniquement à un accident moral. Dans le cas de Zoom, on peut supposer par exemple :

- que les nouvelles fonctionnalités ajoutées à l'application sont d'abord testées en interne, par les membres de l'entreprise, comme c'est la norme dans ce secteur ;
- que parmi les salarié-e-s de l'entreprise, il n'y a pas ou peu de personnes racisées, ou du moins trop peu pour qu'elles aient spécifiquement eu l'occasion de tester cette fonctionnalité, ou encore qu'elles n'ont pas osé signaler un tel problème ;
- qu'il n'y a pas, dans le processus de conception et de mise en place de ce type de fonctionnalité, de personne en charge d'imaginer les risques relatifs à la fonctionnalité, ou qu'elle n'a pas su spécifiquement anticiper ce risque ;
- que l'intégralité des personnes impliquées dans la mise en œuvre de cette fonctionnalité ainsi que leur entourage ne sont pas des personnes racisées ni sensibilisées.

Dans cette situation, dont la construction est le résultat d'une infinité d'actions spécifiques, il faudrait aux individus une énergie exceptionnelle pour enrayer la mécanique presque inévitable qui mène à ces incidents. Plutôt que la mise en transparence du fonctionnement de l'algorithme, il me semble intéressant d'espérer un exercice d'explicitation de cette situation. En faisant en effet l'effort d'expliciter les intentions mises dans la conception de la fonctionnalité, et la situation dans laquelle ces intentions ont été réalisées, on met au clair non pas la mécanique technique mais la mécanique organisationnelle de ces outils numériques, tout en démontrant une intention de s'expliquer, de rendre (des) compte(s). Cet exercice d'explication de la situation est une première étape pour restaurer une confiance non pas dans les algorithmes eux-mêmes, mais dans les individus et organisations qui les construisent et les mettent à disposition d'un certain public.

Cette restauration de confiance peut tout d'abord emprunter des moyens classiques, inspirés des mécanismes de la construction de la confiance dans les croyances scientifiques, plus connus en philosophie des sciences. En effet, l'usage de méthodes conformes aux normes scientifiques d'une époque, la capacité à proposer des raisonnements clairs et logiques, l'utilisation de faits rassemblés de manière appropriée, ne sont pas les seuls leviers de la confiance dans les institutions ou connaissances scientifiques. De la même manière que nous ne sommes pas tous ingénieur-e-s en informatique, nous ne sommes pas tou-te-s non plus spécialistes en physique des particules ; néanmoins, lorsqu'en 2012 le CERN a confirmé (avec le degré de certitude conforme aux normes de la communauté scientifique en physique) l'existence du boson de Higgs, cela n'a pas engendré une vague de contestation citoyenne ou médiatique. Lorsque les chercheurs et chercheuses se partagent leurs hypothèses et leurs résultats, ils opèrent un travail de traduction qui n'appartient pas en propre aux normes de leur discipline. Il s'agit également de convaincre sur la base d'éléments argumentatifs et explicatifs qui constituent une reformulation de leurs hypothèses et résultats. Les discours explicatifs par lesquels les connaissances scientifiques sont transmises ne sont pas des explications complètes des phénomènes ; comme le souligne Tim Miller[5] dans un article consacré à l'explicabilité de l'intelligence artificielle, les explications sont sélectives et rendent rarement compte de la totalité d'un événement.

Dans le dialogue entre des individus ou des groupes dont les situations épistémiques sont très différentes (par exemple entre un spécialiste et le grand public), l'explication est une traduction qui passe par la médiation du langage (ou d'un langage), un exercice rhétorique qui vise davantage à convaincre qu'à rendre compte. Si un physicien du CERN s'efforçait de m'expliquer ses travaux,

5. Miller, T., « Explanation in Artificial Intelligence : Insights from the Social Sciences », *Artificial Intelligence*, 267, July 2018, p. 1-38.

il est fort à parier que je ne serais ni convaincue, ni défiante envers ses propos, mais tout simplement incapable de déterminer si je dois le croire. Une explication du fonctionnement d'un algorithme à destination des non spécialistes est donc nécessairement un récit construit *a posteriori* dans la perspective de rassurer ou convaincre plus que d'expliquer réellement. Dans cette perspective, plusieurs procédés identifiés se sont montrés effectifs dans la transmission de connaissances entre groupes hétérogènes :

- le récit lui-même, au sens de construction narrative qui réalise une synthèse d'éléments disparates et par laquelle on parvient à retirer du sens, comme le conceptualise typiquement Paul Ricœur[6] ;
- l'explication visuelle, et plus généralement le caractère d'évidence que peut avoir une représentation graphique, comme l'ont développé Lorraine Daston et Peter Galison[7] ;
- la cohérence ou concordance avec des éléments familiers pour la personne telles que ses connaissances, ses intuitions, sa vision du monde, ses expériences immédiates, cohérence que Paul Humphreys[8] conceptualise sous le terme d'*overlap*, de recoupement entre nos croyances antérieures et les nouvelles propositions qui se présentent à nous.

Au-delà de ces procédés emblématiques de la science moderne et contemporaine, je propose maintenant d'explorer la façon dont les ingénieur-e-s en informatique dialoguent au sujet d'un algorithme et construisent leur confiance en celui-ci.

6. Ricœur, P., *Temps et récit 1*, Paris, Seuil, 1983.

7. Daston, L. J., & Galison, P. L., *Objectivity*, Cambridge (Mass), MIT Press, 2007.

8. Humphreys, P., *Extending ourselves. Computational science, empiricism and scientific method*, Oxford, OUP, 2004.

4. COMMENT SE CRÉE LA CONFIANCE ENTRE INGÉNIEUR-E-S

Pour décrire cette phase de conception et de stabilisation d'un algorithme, je m'appuie sur la position privilégiée que j'occupe depuis plusieurs années vis-à-vis de l'industrie logicielle. Mon activité de recherche a en effet émergé en 2012, chez un éditeur de logiciel dont j'étais salariée et qui m'a permis de mener une thèse de philosophie des sciences sur l'informatique (et plus spécifiquement sur la construction de connaissances à partir de données massives) tout en faisant partie de l'entreprise à des fonctions voisines du développement logiciel à proprement parler (marketing, produit, design…). Avec une posture qui relève de l'observation participante ou de la recherche action, j'ai pu observer au quotidien sur une période prolongée la façon dont les ingénieur-e-s travaillent et inter-agissent pour développer des programmes. L'entreprise propose un logiciel d'analyse de textes pour en extraire de l'information et s'appuie ainsi sur des procédés, méthodes et outils du traitement automatique des langues (*natural language processing*) qui est considéré comme une des branches classiques de l'intelligence artificielle. Au-delà de cette expérience qui a duré 7 ans (dont 5 ans de thèse), je continue à exercer professionnellement dans ce secteur chez un autre éditeur de logiciel ; de plus, cette position m'a naturellement donné accès, par effet de réseau, aux pratiques d'autres éditeurs par le biais des ingénieur-e-s que j'ai pu rencontrer et qui m'ont parlé de leur travail.

Au sein d'un même éditeur de logiciel, tou-te-s les ingénieur-e-s ont dans la plupart des cas accès à l'intégralité du code possédé par l'entreprise. Des restrictions peuvent être appliquées aux parties du code qu'ils ou elles ont l'autorisation ou la capacité technique de modifier afin d'éviter une altération accidentelle d'un logiciel qui est souvent mis à disposition des utilisateurs et utilisatrices rapidement et presque automatiquement. Même avec cette réserve, les ingénieur-e-s ont donc généralement accès à un périmètre du code du logiciel bien plus large que celui sur lequel ils ou elles travaillent principalement.

C'est peut-être pour cette raison que je n'ai jamais vu un-e ingénieur-e formuler cette exigence de transparence évoquée plus haut dans un contexte professionnel. Un logiciel est un système complexe, constitué d'une multitude de composants qui interagissent les uns avec les autres, et sont (en principe) conçus de manière à ce que chacun puisse être modifié sans affecter les autres. Un composant existe dans le système par la fonction qu'il y remplit ; il doit continuer à remplir cette fonction de manière stable et cohérente, notamment dans la nature et le format des informations qu'il émet et reçoit. De ce fait, un-e ingénieur-e n'a pas besoin de savoir comment fonctionnent les composants autres que ceux sur lesquels il ou elle travaille. L'indépendance des composants reflète ainsi une division du travail où chaque ingénieur-e peut se concentrer sur un périmètre précis. L'opacité des autres composants vis-à-vis de celui dont il ou elle s'occupe est ainsi perçue comme un bienfait et une vertu, le signe d'un système logiciel bien organisé. La charge mentale qui serait nécessaire pour maintenir un système avec des composants interdépendants et mal découpés serait une source certaine d'erreurs et de baisse de productivité.

Parmi les autres vertus que j'ai pu voir attribuer à un programme, on peut également citer l'extensibilité (*scalability*), la généricité, l'explicabilité, la rapidité d'exécution, la couverture (nombre de cas traités) ou encore la précision (nombre de cas correctement traités parmi les cas traités). En d'autres termes, il ne suffit pas que le composant s'intègre efficacement dans un système : il doit aussi être compréhensible, fiable, rapide. Bien souvent, un arbitrage doit être fait entre ces différentes vertus. Il faut généralement un programme plus lent, car plus sophistiqué, pour arriver à un résultat plus précis. Il sera aussi généralement, pour les mêmes raisons, plus difficile à expliquer. Si des ingénieur-e-s font le choix d'implémenter un programme peu compréhensible, ce n'est en principe pas par goût de la mystification mais pour lui préférer d'autres vertus.

Un logiciel de ce type est fréquemment mis à jour (plusieurs fois par mois, voire par semaine) et il n'est pas tenable pour un-e ingénieur-e de vérifier à chaque mise à jour qu'un algorithme en particulier continue à avoir le fonctionnement prévu. Un certain nombre d'outils d'automatisation déchargent, ici encore, l'ingénieur-e, du travail de compréhension du logiciel. Ces vérifications automatiques touchent autant à la forme du programme (par exemple à travers le *linting* qui normalise dans le code les retours à la ligne, les indentations, certains signes de ponctuation…) qu'aux résultats qu'il produit (à travers les tests de validation (*acceptance tests*) qui vérifient que sur la base de mêmes données, on arrive aux mêmes résultats)[9]. La responsabilité de l'ingénieur-e n'est dès lors pas tant de vérifier l'algorithme lui-même, que de contrôler les vérifications automatiques.

D'autres vérifications sont réalisées préalablement, au moment de la conception du programme. Je dirais même que l'implémentation d'un algorithme pour un problème précis est justement un travail itératif d'essai et de vérification. Il faut souligner ici que le problème est déjà posé à ce stade : si l'objectif est de concevoir un programme qui ne suggère de n'accorder un prêt bancaire qu'aux plus riches, l'ingénieur-e va mettre toute son énergie à réaliser cette promesse. Il ou elle va pouvoir traduire le problème posé en un problème calculatoire, soluble avec des données et un programme. Pour cela, des environnements d'évaluation automatisée, associés à des métriques conventionnelles telles que la RMSE (erreur quadratique moyenne), existent pour les problèmes qui peuvent être ramenés à des problèmes de classification supervisée en *machine learning*

Ces évaluations sont en quelque sorte réalisées « à l'aveugle » : on n'évalue pas le programme lui-même mais des agrégations statistiques calculées sur des résultats du programme. Lorsque l'évaluation ne peut être systématisée, ni même menée de manière quantitative, elle peut se faire « à l'œil » : par exemple, dans le contexte de la modélisation de la morphogenèse des plantes, la vérification du programme peut être que le résultat généré ressemble visuellement à la plante modélisée[10].

Après ce premier travail de conception, la solution proposée est évaluée par d'autres ingénieur-e-s. Cela passe généralement par une phase de revue de code (*code review*) où des pairs lisent et commentent la solution proposée. Cette étape peut s'accompagner d'interactions où l'ingénieur-e explique le problème posé, ses hypothèses, son cheminement, de manière à rendre intelligible la solution proposée. Cette étape de validation par les pairs doit permettre d'identifier des failles dans la solution mais : 1) les relecteurs et

9. Certains algorithmes sont dits non déterministes : lorsqu'on les joue une deuxième fois sur les mêmes données, ils renvoient un résultat différent, quoique similaire. Sur ce type d'algorithme, il n'est pas possible d'appliquer des tests de validation automatisés.

10. Varenne, F., *Du modèle à la simulation informatique*, Paris, Vrin, 2007.

relectrices y accordent un temps et une énergie limités, ne sont pas toujours compétent-e-s pour évaluer ce type de solution, et peuvent être réticent-e-s à critiquer le travail d'un-e pair ; 2) cette étape n'a pas vocation à rediscuter le problème de départ. Imaginons par exemple un programme qui suggère d'accorder un prêt bancaire : un commentaire typique en relecture serait quelque chose comme « félicitations, avec ton approche, il n'y a aucun risque qu'un pauvre puisse emprunter de l'argent ! » plutôt que « c'est révoltant, ce programme est discriminatoire envers les moins riches ! ». Ce n'est pas (forcément) que les ingénieur-e-s sont indifférent-e-s aux inégalités de richesse, mais qu'ici aussi, il existe une division du travail par laquelle le choix et la définition des problèmes posés sont faits bien en amont de cette étape.

Une fois la solution approuvée par les pairs, elle est mise à disposition des utilisateurs ; après cette étape, les ingénieur-e-s oublient généralement rapidement les détails de fonctionnement de cette partie du logiciel pour se consacrer à d'autres problèmes et n'y reviennent que si un dysfonctionnement est constaté ultérieurement, ou qu'une amélioration est décidée.

CONCLUSION

À travers cette brève plongée dans le travail de conception et de validation des programmes dans l'industrie logicielle, il apparaît que la transparence n'y est pas une propriété souhaitable, et que d'autres vertus s'y substituent, en même temps qu'il convient de réaliser un arbitrage entre des qualités contradictoires.

Il me semble que l'on peut transposer ces éléments dans le dialogue entre les membres de l'industrie logicielle et le public :

- une épistémologie de la confiance, où les parties prenantes explicitent leurs intentions, est le prérequis d'un dialogue sur des objets qui ne peuvent s'expliquer par eux-mêmes et sont en soi incommunicables pleinement ;
- ce n'est que lorsqu'un dysfonctionnement, ici moral plus que technique, est constaté, que la confiance est rompue et que le public en vient à demander des comptes ;

- la mise en œuvre d'un dialogue permet d'interroger, au-delà de l'adéquation de la solution au problème posé, les choix proposés et le problème lui-même ;
- c'est alors le récit explicatif de la situation de l'ingénieur-e, du problème posé, de ses choix et hypothèses, qui permet de rendre compte de la solution implémentée ; c'est donc dans l'exigence d'explicabilité non pas de la mécanique technique des algorithmes, mais du cheminement des ingénieur-e-s, que se trouve la clé de la restauration de cette confiance.

Par ailleurs, si l'indifférence organisationnelle des ingénieur-e-s aux problèmes posés est répandue, on peut aussi souhaiter la changer. En faisant l'exercice d'expliciter leur situation, et à travers elle, leurs positions morales, on peut espérer que, tôt ou tard, les ingénieur-e-s se saisiront de responsabilités plus larges, et soient les consciences dotées de bonnes intentions qui parviennent, malgré des mécaniques organisationnelles obstructives, à restaurer la confiance dans leur travail.

PISTES, REVUE DE PHILOSOPHIE CONTEMPORAINE 2 (2022)
124 P., ISBN : 978-2-7116-8426-7, P. 87-102, VRIN.

La transparence technique n'existe pas

Emmanuel ALLOA

RÉSUMÉ

Que l'idée de transparence technique soit associée aujourd'hui à tant d'espoirs tient sans doute à cela : qu'elle substitue à une opération (la technique) la promesse d'un état, cette translucidité propre à certains matériaux comme le verre. Mais si la transparence nomme un état accompli, elle ne saurait s'appliquer à un procédé dont le but est précisément la transformation. En ce sens, la transparence technique s'apparente à un oxymore. L'article étudie les deux contradictions majeures dans la notion de transparence technique – la contradiction entre l'intuitif et le discursif et la contradiction entre sens et genèse –, passe au crible l'idée aujourd'hui bien installée selon laquelle une phénoménologie des techniques repose sur l'idée d'une transparence du médium, pour s'avancer ensuite en direction d'une pensée de la technique comme phénotechnique.

Mots-clés : boîte noire ; intuitif ; discursif ; sens ; genèse ; phénoménologie ; phénotechnique.

800 PAGES…

En 2017, à la suite de la lecture d'un article expliquant que *Tinder* notait ses utilisateurs selon un classement de désirabilité secret, la journaliste Judith Duportail commence à s'intéresser de plus près au fonctionnement de l'application de *dating*. Elle découvre que tout utilisateur est noté selon un système appelé Elo, directement inspiré des tournois internationaux de joueurs d'échecs et ensuite appliqué à d'autres compétitions et dans le monde du sport. Dans une discipline sportive, un joueur qui gagnerait une partie contre un joueur très bien noté engrange un grand nombre de points, tandis qu'à l'inverse, en perdant une partie contre un joueur tout en bas du classement, la dégringolade est assurée. Judith Duportail veut en avoir le cœur net, afin de mieux comprendre comment ce principe venant des échecs intervient dans le mécanisme de classement de Tinder (confirmant au passage que dans le réseautage promis par le « matchmaking » c'est donc à chaque fois littéralement un « match » qui se joue). Par-dessus tout, la journaliste souhaite connaître son propre score de désirabilité, elle qui s'est inscrite en 2013 à Tinder et qui utilise depuis l'application avec assiduité. Finalement, l'entreprise refusera de lui communiquera son score Ela, mais se voit contrainte de se plier à la règlementation européenne sur la protection des données personnelles, celle qui permet à tout citoyen de réclamer les données qu'une entreprise possède sur lui. Le résultat est édifiant : ce sont 800 pages que la journaliste reçoit dans sa boîte aux lettres. L'article qu'elle publie dans le quotidien britannique *The Guardian*, au mois de novembre de la même année, traduit sa stupéfaction :

> Quelque 800 pages sont revenues contenant des informations telles que mes « likes » sur Facebook, des liens vers l'endroit où seraient stockées mes photos Instagram si je n'avais pas supprimé le compte en question, mon niveau d'éducation, le classement par âge des hommes qui m'intéressaient, le nombre d'amis Facebook que j'avais, la date et le lieu de chaque conversation en ligne avec chacune de mes rencontres… la liste est longue. (…)

> En feuilletant page après page mes données, je me suis sentie coupable. J'étais ébahie par la quantité d'informations que je divulguais volontairement : des lieux, des intérêts et des emplois, des photos, des goûts musicaux et culinaires [1].

Et Judith Duportail de se demander ce qui se passerait si cette mine de données était piratée, divulguée ou simplement rachetée par une autre entreprise ? Pourtant, Tinder rappelle à la journaliste qu'en téléchargeant l'application, elle a bien déclaré avoir lu l'avertissement suivant : « vous ne devez pas vous attendre à ce que vos informations personnelles, vos chats ou autres communications restent toujours sécurisés ». De fait, les utilisateurs de Tinder doivent signer une charte autorisant l'entreprise à réutiliser les données collectées. Officiellement pour offrir un service toujours plus personnalisé et pertinent. Mais comme l'explique un tutoriel appelé *Tinder Scraper*, l'entreprise ne se cache pas de vouloir « collecter des informations sur les utilisateurs afin d'en tirer des enseignements susceptibles de servir le public ». Car au-delà du service taillé sur mesure, c'est bien l'utilité publique qui est mise en avant. À partir de l'immense banque de profils rassemblés par l'application de dating, d'autres services sont développés, et les données comportementales peuvent être réutilisées à d'autres fins. Bien que l'entreprise ne divulgue pas le nombre exact d'utilisateurs inscrits, on estime qu'en 2015, au moins 60 millions de personnes pratiquaient le célèbre geste du *Tinder swipe*. Les photos de profils sont utilisées pour entraîner des algorithmes à la reconnaissance faciale, tandis que le profilage émotionnel permet de mieux cibler les utilisateurs avec des publicités spécifiques.

L'épisode des 800 pages de données obtenues par Judith Duportail est symptomatique d'un problème dont on commence à peine à mesurer toute l'ampleur. La façon dont les données sont collectées, traitées, analysées, et réutilisées constitue aujourd'hui l'un des enjeux majeurs dans le domaine de l'éthique algorithmique, et leur relative impénétrabilité paraît justifier les revendications croissantes pour plus de « transparence technique ». Contre un excès

1. Duportail, J., « I asked Tinder for my data. It sent me 800 pages of my deepest, darkest secrets », *The Guardian*, juillet 2017, https://www.theguardian.com/technology/2017/sep/26/tinder-personal-data-dating-app-messages-hacked-sold, consulté le 29 décembre 2022.

de transparence personnelle, qui mettrait à nu les individus, l'exigence d'une transparence machinique semble au contraire trouver sa raison d'être dans une défense de l'inviolabilité de la personne. Sans trop d'imagination, on peut entendre dans ces revendications l'écho du principe érigé en devise par Wikileaks : *transparency for the powerful, privacy for the weak* – transparence pour les puissants, défense de la vie privée pour les faibles.

Dans les considérations qui suivent, il s'agira de démontrer qu'en dépit de ses intentions, sans doute louables, la militance pour plus de transparence technique risque peu d'aboutir, car elle repose sur un tour de passe-passe qui ne dit pas son nom. Dans un premier temps, on analysera les paradoxes insurmontables de la notion de transparence, liés à une double tension : celle entre l'intuitif et le discursif, et celle entre une enquête sur la genèse et une enquête sur le sens. Dans un second temps, c'est la notion de technique qui sera étudiée, en comparant deux modèles : celui de la technique comme invisibilisation des médiations et celui d'une technique comme « phénotechnique ». En s'adossant à ces réflexions, on soutiendra que la transparence technique n'existe pas, et on verra dans quelle mesure d'autres termes seraient plus adaptés pour répondre aux exigences éthiques d'un monde numérique contemporain.

OUVRIR LA BOÎTE NOIRE

Compte tenu du fait de l'importance exorbitante qu'occupent aujourd'hui les procédures algorithmiques dans le processus de prises de décision, il semble plus nécessaire que jamais d'exiger un droit de regard sur la *black box*, sur la « boîte noire » technologique. Nos actions, individuelles et collectives, sont aujourd'hui profondément façonnées par le traitement automatisé des données, depuis les interfaces employées par les utilisateurs individuels jusqu'à l'action publique comme l'organisation de la circulation dans l'espace public, jusqu'à la prévention de la criminalité et aux politiques sanitaires. Des auteurs tels que Frank Pasquale ont soutenu qu'au vu de l'influence de telles technologies statistiques et prédictives sur nos vies, nous vivons de fait, sans le savoir, dans une *Black*

Box Society, une société de la « boîte noire »[2]. Quoi de plus naturel d'exiger que l'on récupère la boîte et qu'on l'ouvre, pour découvrir enfin ses secrets ? Ces demandes se réclament en plus d'une généalogie des Lumières du XVIIIe siècle, si ce n'est que l'opacité s'est déplacée. Tandis que sous l'Ancien Régime, les décisions étaient occultées par les *arcana imperii* et la raison d'État, aujourd'hui les États ont externalisé leurs secrets, puisqu'ils les délèguent désormais en une grande mesure à la prise de décision basée sur des algorithmes (*algorithmic decision-making process*). L'enjeu de la conduite des conduites est donc plus que jamais un enjeu lié à une question technologique. Face à la surveillance de masse, la scrutabilité des algorithmes s'envisage comme une forme de « sous-veillance » : exiger l'ouverture de la boîte noire, rendre transparents les processus qui orientent nos quotidiens, voilà le rêve techno-utopique ultime : jeter un regard dans la salle des machines, voir comment elles travaillent, pensent, classifient et « perçoivent ».

Parmi ceux qui ont fourni une réponse tangible et sensible à cette question, on peut relever le travail de Trevor Paglen. En 2017, l'artiste américain a organisé un concert-performance intitulé *Sight Machine* avec la complicité du *Kronos Quartet*, joué à San Francisco et repris ailleurs. Une vingtaine de caméras sont installées autour de la scène, filmant les quatre membres du quatuor en train de jouer le *Quatuor à cordes* en sol mineur op. 10 de Claude Debussy. Pendant toute la durée de l'œuvre, la machine analyse l'expression mimique des musiciens à travers les divers flux vidéo, et leur applique des algorithmes de reconnaissance faciale. Tout en assistant au concert, le public découvre le « regard » de la machine et ses catégorisations. Une vidéo, *Image Operations no. 10*, revient sur ce processus, et montre d'autres musiciens en train de répéter. Le résultat est saisissant : l'algorithme semble avoir beaucoup de mal à identifier l'activité collective à laquelle s'adonnent les interprètes, les cadrages sautent constamment ainsi que les libellés. Tandis que les visages de type caucasien sont relativement bien reconnus, les visages de type asiatique sont systématiquement mésinterprétés, attribuant des âges farfelus et se trompant de sexe. La concentration sur le jeu, et les

2. Pasquale, F., *The black box society : the secret algorithms that control money and information*, Cambridge, Harvard University Press, 2015.

mines rassemblées, sont catégorisées comme de la « peur ». Et les instruments de musique sont associés à des manettes de jeu vidéo.

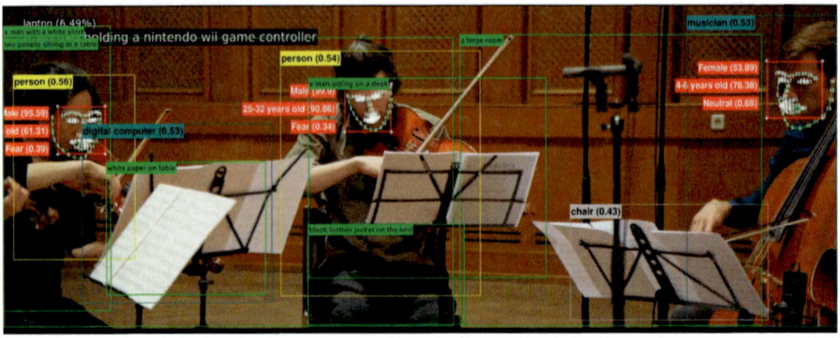

Fig. 1 : Trevor Paglen. Image Operations, Op. 10, 2018.
Courtesy de l'artiste et de Metro Pictures, New York

Avec cette œuvre, Trevor Paglen ouvre-t-il réellemment la « boîte noire » des algorithmes, nous donnant à voir leur fonctionnement, et surtout leurs biais ? Bien évidemment, on objectera que cette œuvre-performance n'a de valeur probatoire que très relative, puisque les algorithmes eux-mêmes évoluent constamment, et que de telles approximations grossières seront bientôt une affaire révolue. Les progrès fulgurants observés ces dernières années grâce au Deep Learning, au web sémantique mais surtout aux GAN (*generative adversarial network*), au sein desquels les réseaux neuronaux s'améliorent mutuellement grâce à leur mise en compétition, risquent de changer bientôt la donne. Reste que les biais ethniques et genrés sont bien ancrés dans les systèmes de reconnaissance faciaux, en raison des échantillons de données employés pour entraîner les algorithmes. Ces biais, dont Cathy O'Neil a pu dire qu'elles sont simplement une « opinion formalisée dans du code »[3], ne disparaîtront pas de sitôt. Mais restons sur l'enjeu de la visualisation de la boîte noire : peut-on considérer que l'œuvre *Image operation n° 10* de Trevor Paglen crée de la transparence technique ? Que voyons-nous au juste du processus, quelle certitude possédons-nous à son sujet, quelle confiance avons-nous dans notre pouvoir d'introspection ?

3. O'Neil, C., *Algorithmes, la bombe à retardement* [2016], trad. fr. S. Marty, Paris, Éditions Les Arènes, 2018.

UNE RHÉTORIQUE DE LA TRANSPARENCE : INTUITIF OU DISCURSIF ?

La réflexion actuelle sur la « transparence technique » se réclame souvent d'une généalogie foucauldienne, rappelant que selon Michel Foucault, la « transparence technique » est la condition d'une « liberté d'usage »[4]. Savoir comment fonctionnent les mécanismes et les dispositifs dont nous nous servons est alors considéré comme un prérequis pour un emploi conscient et émancipé. Il est surprenant que Foucault, qui se méfiait pourtant éminemment de la notion de transparence[5], ne voie aucun inconvénient à se l'approprier quand il s'agit d'enjeux techniques. On retrouve un pareil semblant de consensus autour de la notion de « transparence technique », qui est associée plus généralement au « droit de savoir ». Sur le modèle des logiciels *open source*, qui fondent l'approche même des logiciels libres, les appels se multiplient pour que les fabricants de technologies révèlent leurs secrets de fabrication, et donnent enfin à voir les algorithmes en action.

Le discours de la transparence, érigée en valeur consensuelle de notre époque, fait pourtant diversion et maquille les processus en cours[6]. Ainsi, l'évolution du design des interfaces vers plus de simplicité d'usage éloigne également les utilisateurs d'un accès aux procédures techniques. La démocratisation des appareils a certes exigé des constructeurs une optimisation ergonomique, afin de les rendre plus accessibles au-delà du cercle des initiés, mais une telle optimisation va de pair avec une perte du pouvoir d'intervention. On peut parler d'une idéologie du WYSIWYG, selon une notion relevant originairement de la sémantique des webdesigners. WYSIWYG, *What you see is what you get* : ce que vous voyez actuellement à l'écran, ce sera aussi le résultat final. Or en permettant aux

4. Foucault, M., *Dits et écrits t. 4 : 1980-1988*, éd. D. Defert & F. Ewald, Paris, Gallimard, 1994, p. 414.

5. Geroulanos, S., *Transparency in Postwar France : A Critical History of the Present*, Stanford, (California), Stanford University Press, 2017.

6. Alloa, E., & Citton, Y., « Tyrannies de la transparence », *Multitudes*, 73/4, 2018, p. 47-54 ; Alloa, E., & Thomä, D., *Transparency, Society, Subjectivity. Critical Perspectives*, Basingstoke, Palgrave Macmillan, 2018.

utilisateurs de faire l'économie du code, on les prive aussi d'un moyen d'intervention.

Mais au-delà de ces éléments relevant plutôt de l'évolution des technologies, il y a bien des enjeux conceptuels plus fondamentaux. Si la transparence technique n'existe pas, comme il s'agira de le démontrer, c'est parce que la rhétorique de la transparence confond deux registres logiques : ceux de l'immédiateté du donné et ceux de la traçabilité des processus. Sur Internet, un rapport de transparence (*transparency report*, répondant à la question « pourquoi ce contenu m'est-il proposé ? ») ne relève pas du visuel mais bien du discursif : les agrégateurs de contenu justifient par des mots ce qu'ils proposent à l'utilisateur.

Ces préliminaires conduisent à un double constat.

1) *Intuitif* vs. *discursif* : Que la transparence demande des rapports prouve bien la tension à l'œuvre dans la rhétorique de ce type. Tout rapport appartient au registre du discours, et procède donc d'un ordre discursif, qui requiert du temps, pour employer des termes kantiens. La promesse de la transparence, au contraire, renvoie à un type de connaissance qu'Emmanuel Kant appelait intuitive, et donc immédiate.

2) *Sens* vs. *genèse* : La demande de transparence s'inscrit, plus largement, dans une enquête sur les raisons. Derrière la demande de transparence se cache souvent une demande pour que des comptes soient rendus et que des explications soient fournies. Or l'explication, la justification et l'interprétation portent sur des enjeux de signification, et non sur des problèmes de causalité. Comprendre dans quel ordre ont été assemblées les composantes d'un moteur à combustion n'explique en rien le principe d'un tel système. Dans le débat sur la transparence technique, cela vaut la peine de rappeler cette distinction conceptuelle cruciale : celle entre sens et genèse.

SENS ET GENÈSE : LA JUSTIFICATION N'EST PAS UNE AFFAIRE DE CAUSALITÉ

La réalité tend à prouver qu'une mise à disposition complète de tous les paramètres ne renforce pas automatiquement la confiance des participants. Prenons ce cas survenu à l'université de Stanford. En 2013, un professeur en études de communication, Clifford Nass, fait face à une fronde parmi ses étudiants. Une partie d'entre eux soutient que l'autre partie a obtenu de meilleures notes à l'examen final. Il s'avère que le groupe des frondeurs avait raison : deux assistants différents avaient corrigé les examens des deux groupes, et l'un avait été plus indulgent que l'autre, si bien que les étudiants ayant fourni des réponses à peu près équivalentes avaient en fin compte obtenu des notes différentes. Informaticien de formation, Nass veut réparer l'injustice par une solution technique. Il décèdera de manière complètement inattendue dans les jours suivants, et c'est alors l'un de ses étudiants qui se charge de mettre en œuvre son procédé : un modèle statistique simple pour ajuster les notes, où les étudiants se voient automatiquement augmenter leur note finale lorsqu'ils ont été notés par un assistant d'enseignement connu pour donner des notes inférieures à la moyenne. Dans un esprit d'ouverture et de transparence, René Kizilcec envoie des courriels à tous les participants, avec une explication détaillée de son algorithme. L'initiative se retourne pourtant contre lui, et connaît un revers majeur : ce type de réajustement fut perçu comme une injustice plus grande encore par les participants, et généra un déchaînement de plaintes et de signalements[7].

Premièrement, ce cas illustre que la transparence n'est pas nécessairement corrélée à la confiance, bien au contraire : la divulgation du mécanisme n'est pas à même de restaurer une confiance qui aurait été mise à mal. Si par définition, la confiance intervient justement dans des rapports où l'on ne dispose pas d'un savoir exhaustif, mais où l'on accorde donc sa confiance malgré une certaine ignorance factuelle, il est assez naturel qu'en empilant des

7. Kizilcec, R. F., « How Much Information? Effects of Transparency on Trust in an Algorithmic Interface », in *Proceedings of the 2016 ACM CHI conference on human factors in computing systems*, New York, ACM, 2016, p. 2390-2395.

faits empiriques, on ne puisse pas revenir à un rapport de pleine confiance.

Deuxièmement, ce cas nous met face au problème de la prise d'influence. Au nom de la transparence algorithmique, nombreux sont ceux qui réclament qu'un moteur de recherche tel que Google divulgue le code source de PageRank, le logiciel opérant le classement des contenus. Légitime à première vue, une telle demande peut avoir des effets paradoxaux : les requêtes des hacktivistes rejoignent ici l'intérêt des grandes multinationales. Face à la position de quasi-monopole du moteur de recherche, certains acteurs n'hésitent pas à soumettre tous leurs contenus à l'impératif de référencement potentiel. Or, et paradoxalement, la non-disponibilité de l'algorithme se fait au détriment des grands acteurs, qui disposeraient de moyens d'optimisation et de lobbying presque infinis, et joue en faveur des acteurs minoritaires. Voilà pourquoi le principe de méta-coordination qui régit les agrégateurs de données doit être secret, afin d'éviter une communication stratégique [8].

Troisièmement, le cas évoqué plus haut illustre un autre enjeu encore : la transparence sur les procédures n'équivaut pas nécessairement à une connaissance intégrale. Il suffit de prendre un autre exemple, celui de la loterie. Lorsque le tirage de la loterie est retransmis par télévision, et que la sélection aléatoire des billes se fait dans des tubes de verre transparents, on peut considérer que le principe de scrutabilité est respecté. Cela n'empêche pourtant pas qu'en théorie, il puisse y avoir des biais implantés dans le processus de sélection, des biais cette fois parfaitement invisibles, de sorte que l'on peut très bien voir certains paramètres et en rater d'autres, potentiellement plus importants. Bref, il y a bien un voir sans savoir [9].

Pour résumer, la transparence n'aide donc pas toujours à mieux comprendre un phénomène, un mécanisme ou une procédure. Exiger des explications – demander les raisons expliquant un agir en question – se démarque d'une enquête sur les causes. Quand on

8. Cardon, D., « Dans l'esprit du PageRank : Une enquête sur l'algorithme de Google », *Réseaux*, 177/1, 2013, p. 63, https://doi.org/10.3917/res. 177.0063.

9. Ananny, M., & Crawford, K., « Seeing without Knowing : Limitations of the Transparency Ideal and Its Application to Algorithmic Accountability », *New Media & Society*, 20/3, 2018, p. 973-989, https://doi.org/10.1177/1461444816676645.

évoque aujourd'hui la transparence dans les chaînes d'approvisionnement (*supply chain transparency*), qu'il s'agisse des domaines nutritionnels, textiles, cosmétiques ou pharmaceutiques, l'amélioration de la traçabilité représente certes une exigence légitime pour les consommateurs. Lorsque l'on enquête sur les composantes d'un bien et sur ses conditions d'acheminement, on n'est pas entré pour autant dans l'ordre des raisons et de la justification. On peut certes considérer que les prises de décisions seront mieux informées, quand elles sont étayées sur une connaissance plus poussée des conditions ayant conduit à la situation donnée, mais la connaissance des précédents n'est pas un prérequis pour les processus délibératifs. Que l'on songe au jeu d'échecs : on peut reconstituer après-coup le déroulé d'une partie, mais en principe, tout spectateur arrivant en cours de route peut comprendre le sens d'un coup sans avoir nécessairement suivi tous les mouvements en amont. Inversement, on peut demander des comptes à des acteurs sur leurs décisions et leurs actions passées, sans que l'on exige que ces acteurs disposent d'une connaissance intégrale des paramètres, dès lors que toute action se décide toujours sur un fond d'indétermination relatif.

La confusion catégorielle qu'il y a donc entre l'intuitivité de la transparence et la discursivité des explications ainsi que celle entre la causalité des effets et la justification des décisions prouve que le débat autour de la transparence technique pâtit de plusieurs malentendus. Tout se passe comme si l'on avait procédé à un double mouvement : appliquer à une connaissance humaine qui se déploie dans le temps une connaissance divine et immédiate, et ensuite, transférer ce modèle à des complexes techniques. Or que l'on demande à un acteur d'être redevable de ses actes suppose qu'il en comprenne le sens. Mais n'est-ce pas précisément le rôle de la technique que d'évacuer les problèmes de sens au profit d'un enjeu d'efficacité ? Après cette analyse des paradoxes de la transparence, il faut à présent se pencher sur la notion de technique.

LA TRANSPARENCE DE LA TECHNIQUE

Qu'est-ce que la technique ? Il y a des techniques numériques et des techniques analogiques, des techniques de stockage, de compression et de transmission, mais il y a aussi des techniques picturales, des techniques de tissage, des techniques de parole, des « mnémotechniques » ainsi que des techniques d'apprentissage, des techniques d'observation, des techniques de marche, de nage, de vol, des techniques de gouvernement et de gestion, des techniques de fabrication et de destruction, des techniques de visualisation, de transposition ou de miniaturisation. À quoi servent au juste ces techniques ou, mieux, qu'ont-elles en commun ? Posons cette hypothèse : *toute technique est un faire qui permet d'éviter de devoir faire.*

Développons un peu plus. Toute technique implique ainsi une opération qui se substitue à une autre : qu'il s'agisse d'une externalisation, d'une délocalisation ou d'une sous-traitance par un système automatisé, qu'il s'agisse de l'appropriation par l'apprentissage d'une manière de faire bien réglée ou encore d'une stabilisation d'actions spontanées grâce à la répétition de l'habitude, à chaque fois, un certain délestage est en jeu. Une opération standardisée permet d'exonérer un agent de devoir se mettre à l'œuvre, ou en tout cas, de devoir prêter une attention excessive à un acte. Il y a donc dans la technique une forme de compensation, ou encore de rééquilibrage des forces. Une longue tradition de la philosophie des techniques a insisté sur cette dimension compensatoire. L'« extériorisation » des fonctions corporelles grâce à l'outil (André Leroi-Gourhan) équivaut à un « dégrèvement » (*Entlastung*, Arnold Gehlen), ouvrant à son tour à d'autres potentiels jusque-là inexploités. Avec la technique, l'existence prothétique devient une condition originaire (Jacques Derrida, Bernard Stiegler). Mais par ailleurs, la stabilisation des procédures permet de « voir venir », elle rend plus prévisible le futur. En ce sens, dans sa formalisation même, et sa standardisation, la technique procède à une préstructuration du possible, en organisant la répétabilité et l'anticipabilité [10]. Toute technique se mesure dès lors à l'aune de sa fiabilité.

10. Kaminski, A., *Technik als Erwartung : Grundzüge einer allgemeinen Technikphilosophie*, Bielefeld, Transcript, 2010.

Ces remarques faites, il s'agit alors d'envisager les rapports possibles de la technique à la transparence – ou à ce qu'on entend communément par là. Là encore, la notion de transparence de la technique oscille entre deux significations diamétralement opposées. Dans le débat récent, Michael Wheeler a pu soutenir, s'adossant à son tour à Hubert Dreyfus, que l'approche phénoménologique de la technique est celle d'une transparence de la technique.

LA TRANSPARENCE COMME OUBLI DE LA MÉDIATION

Pour Hubert Dreyfus, la transparence de la technique décrit un processus d'éclipse ou d'auto-effacement de l'outil dans l'usage. « C'est précisément lorsque l'outil est véritablement le plus approprié qu'il devient transparent »[11]. Cette lecture renvoie bien sûr à l'analyse heideggérienne de l'outil[12], dont il est dit qu'il se fait oublier dans le commerce que nous entretenons avec lui. Exception faite des moments où il se brise, se rebiffe ou se refuse à l'emploi – moments où sa facture apparaît, et que la chose apparaît pour ainsi dire « en elle-même » –, l'outil s'efface derrière la fonction à accomplir. D'autres phénoménologues ont proposé des analyses analogues. Pour Maurice Merleau-Ponty, c'est la canne de l'aveugle, qui se moule dans la main et devient une extension organique du corps, indétachable de celui-ci, et dont la fonction prothétique finit par se faire oublier[13]. L'outil a donc un statut transitif, c'est lui qui permet à l'aveugle de « voir », mais aussi longtemps qu'il s'acquitte fidèlement de sa besogne, il n'est jamais considéré pour lui-même. Jean-Paul Sartre va même jusqu'à proposer une analyse du médium de la main comme instrument technique.

> Dans un duel à l'épée, au bâton, c'est le bâton que je surveille des yeux et que je manie ; dans l'acte d'écrire, c'est la pointe de la plume que je regarde, en liaison synthétique avec la ligne ou le quadrillage tracé sur la feuille de papier. Mais ma main s'est évanouie, elle s'est

11. Dreyfus, H. L., *Being-in-the-world : a commentary on Heidegger's Being and time*, Cambridge (Mass.), MIT Press, 1991, p. 65.
12. Heidegger, M., *Être et temps* [1927], trad. fr. F. Vezin, Paris, Gallimard, 1986.
13. Merleau-Ponty, M., *Phénoménologie de la perception*, Paris, Gallimard, 1945, p. 267.

perdue dans le système complexe d'ustensilité pour que ce système existe [14].

Dans une telle optique, l'outil serait donc transparent non pas en vertu d'une quelconque propriété intrinsèque ou même dispositionnelle, mais en raison de son rôle fonctionnel. C'est en tant qu'outil technique qu'il fait dévier l'attention. L'attitude instrumentale suppose une inattention aux propriétés matérielles du médium employé, afin de mieux parvenir au but. Les objets techniques sont des choses qui fonctionnent, et qui fonctionnent d'autant mieux qu'on oublie leur existence. Par transparence de la technique, Dreyfus veut donc qualifier le fait que l'objet n'apparaît pas pour lui-même, mais qu'il cède pour ainsi dire le passage à un autre que lui. Définition diamétralement opposée à celle qui en appelle, dans l'exigence de transparence technique, à ce qu'émergent les propriétés et les conditionnements d'un objet, d'un appareil ou d'une procédure. Que la technique soit insaisissable ne tient donc pas à une quelconque opacité de ses travers, mais au contraire à son excès de transparence, de transitivité qui, n'arrêtant pas le regard, garantit l'efficace du dispositif. C'est aussi ce que l'on qualifie, dans la littérature technique, de dilemme entre l'efficacité et la transparence (*efficiency-transparency tradeoff*).

LA TECHNIQUE COMME PHÉNOTECHNIQUE

Il faut cependant préciser que cette lecture n'est pas la seule que l'on puisse faire dans le domaine de la phénoménologie de la technique. L'oubli des médiations, la disparition de l'outil, n'est ici qu'une composante. S'il y a donc de nombreuses techniques qui se font discrètes au point de se faire oublier, d'autres techniques supposent au contraire qu'on leur prête attention. Affirmer que la technique relève par définition de l'invisible, c'est manquer toutes les techniques dont la fonction est précisément de faire voir. À côté des techniques qui se font transparentes et imperceptibles, il est des techniques qui font apparaître. On appellera ces techniques des

14. Sartre, J.-P., *L'être et le néant : essai d'ontologie phénoménologique* [1943], éd. A. Elkaïm-Sartre, Paris, Gallimard, 2017 (éd. corr.), p. 363.

phénotechniques. Elles disposent, arrangent et condensent, regroupent, classent et synthétisent, laissant apparaître, à même ce qu'elles organisent, le principe qui régit leur traitement. Le mot « technique » renvoie par là à son origine étymologique, puisque la racine **tek* renvoie aux procédés de tressage de fils, à l'imbrication de matériaux et à l'agencement des poutres de construction. Si toute technique agence, son agencement n'est pas nécessairement de l'ordre de l'invisible. Par ailleurs, de nombreux dispositifs techniques requièrent de la part des utilisateurs une attention particulière à la configuration et aux propriétés matérielles. Certains traits de l'objet, son *design*, sollicitent proprement certaines actions : en manifestant une certaine texture, une qualité haptique par exemple, ou en se faisant bruyamment remarquer par une identité sonore ou un *jingle*, certains appareils s'imposent dans un champ perceptuel, mettant en œuvre leurs *affordances*, que l'on peut traduire, d'un néologisme heureux, par « invites ». On aurait donc tort de ne chercher le fonctionnement technique toujours que du côté d'un « revers » invisible : l'interface est tout aussi cruciale dans le fonctionnement d'une technique que les circuits échappant au regard, et une phénoménologie de la technique serait bien avisée de prendre en considération ses aspects « apparents ».

CONCLUSION

Le débat autour de la transparence technique souffre de nombreuses méprises terminologiques, et l'incertitude quant aux différents sens à donner à la notion même de transparence et de technique, respectivement, n'y est pas pour peu de chose. Tandis que la notion de transparence signifie tantôt une promesse de visibilité et tantôt un devoir de visualisation, tantôt un état cristallin et tantôt un processus d'auto-effacement trompeur, la transparence technique renvoie tantôt au fonctionnement imperturbable des machines et tantôt au démantèlement de ses engrenages. Que l'idée de transparence technique soit associée aujourd'hui à tant d'espoirs tient sans doute à cela : qu'elle substitue à une opération (la technique) la promesse d'un état, cette translucidité propre à certains matériaux comme le verre. Mais si la transparence nomme un état accompli, elle ne saurait s'appliquer à un procédé dont le but est précisément la transformation. En ce sens, la transparence technique s'apparente à un oxymore. On peut certes lutter contre les biais racistes ou genrés, mais penser que les biais soient une anomalie, voilà le plus grand des malentendus : par définition, toute technique est partielle, dès lors que, par la force des choses, sa fonction l'est aussi.

Cette conclusion négative quant à l'idée de transparence technique n'invalide pas pour autant la légitimité animant ses requêtes. Que l'on range aujourd'hui sous la bannière de la transparence des demandes aussi variées que la liberté de l'information, l'accès au code, les logiciels libres, la rectification des biais, la responsabilisation des acteurs, les déclarations sur le conflit d'intérêt, la traçabilité des composantes ou l'inclusion ou la participation des utilisateurs prouve bien que, loin de renforcer l'arsenal critique, on se prive au contraire d'outils conceptuels ciblés et différenciés. Sur un autre tableau, la rhétorique de la transparence participe d'un « solutionnisme » qui pose un état idéal comme but ultime de toute technique, notamment numérique. Il n'est pas contradictoire de lutter pour que les acteurs respectifs soient tenus de rendre des comptes (*ex post* ou *ex ante*) – et les propositions d'un serment hippocratique des programmeurs n'ont rien de farfelu[15] – tout en reconnaissant que tout processus de transformation (la transformation technique ne fait pas exception) garde sa part d'aléatoire. Il faut le reconnaître : le comportement des algorithmes reste erratique et partiellement imprévisible. Et tout cela n'est pas forcément qu'une mauvaise nouvelle.

15. Tout comme d'autres professions possèdent des serments respectifs (le serment d'Archimède pour les ingénieurs), des propositions ont été faites pour les informaticiens (serment Holberton-Turing en 2018). Certains ont objecté que la comparaison ne vaut pas, car contrairement aux médecins les informaticiens n'administrent pas la vie ou la mort. Or, quand on sait que les drones téléguidés sont aujourd'hui des facteurs de vie ou de mort, cet argument est difficilement recevable. Cela suppose éventuellement de transformer l'idée même de responsabilité : il s'agit de répondre de ce que l'on fait, mais aussi de ce que l'on fait faire.

PISTES, REVUE DE PHILOSOPHIE CONTEMPORAINE 2 (2022)
124 P., ISBN : 978-2-7116-8426-7, P. 103-115, VRIN.

Les secrets de la transparence : l'exemple du moteur de recherche[1]

Thomas BERNS

RÉSUMÉ

Cet article montre les liens paradoxaux qui unissent transparence et secret en partant de l'exemple du moteur de recherche et, plus largement, de l'émergence de nouvelles formes de normativité, entre autres de nature technique, qui sont analysées depuis leur différence par rapport à la normativité juridique. Ce faisant, c'est aussi le danger de la dilution du principe de publicité dans l'idée de la transparence qui est rendue visible.

Mots-clefs : normativité ; moteur de recherche ; gouvernementalité algorithmique ; secret.

1. Cet article reprend certaines analyses déjà esquissées dans le cadre d'un entretien paru dans la revue *Rue Descartes*, 98, 2020/2, p. 118-144, dossier « Politique(s) du secret », ainsi que dans Berns T. et Reigeluth T., *Éthique de la communication et de l'information : Une initiation philosophique en contexte technologique avancé*, Bruxelles, Presses universitaires de Bruxelles, 2021, p. 151-156.

Les développements qui suivent s'inscrivent dans le champ de la philosophie politique et non de la philosophie de la technique. S'ils prennent acte du caractère politique et non neutre de la technique, à la suite de Langdon Winner[2], ce n'est pas pour en réclamer la transparence et déterminer les conditions de celle-ci, mais pour questionner notre actualité politique depuis le lien entre technique, secret et transparence, par-delà toute disponibilité de la technique. De la sorte, il s'agit de faire du secret, ou plus globalement de la discrétion, une condition (au sens le plus fort du terme) de la transparence – non pas seulement au sens où le secret lui en serait une sorte d'amont qui lui résiste et dont on pourrait imaginer au moins en théorie le dévoilement, mais en ce que ce secret ne cesse de sécréter dans la transparence, laquelle peut être analysée comme cette sécrétion[3], comme l'expression de ce secret : à la fois le secret assure la transparence et la transparence dit le secret (sur le mode du secret).

L'angle philosophico-politique ainsi adopté s'inscrit pour une large part dans les pas de Michel Foucault[4] avec l'élargissement du spectre de la politique qui en découle, afin de prendre en considération la multiplicité des matérialités (en ce compris les matérialités techniques) qui organisent les relations de pouvoir par-delà le seul point de vue offert par le principe de la souveraineté et son expression dans la loi. C'est cette multiplicité de dispositifs normatifs, allant de la loi aux dispositifs techniques, qui définit mon objet, et ce :

- Pour que la normativité juridique et la normativité des dispositifs techniques s'éclairent mutuellement[5], au travers de leur confrontation, leur rivalité, leurs différences, quant à

2. Winner, L., « Do artifacts have politics ? », *Dædalus*, 109/1, 1980, p. 121-136.

3. À ce titre, c'est une modalité du secret et du « dire le secret » que je propose ici, à côté des trois modalités du secret (et du dire qui lui est immanent) cernées dans les très belles pages de G. Deleuze et Guattari, *Mille plateaux*, Paris, Éditions de Minuit, 1980, p. 350-355.

4. Foucault M., *Il faut défendre la société*, Paris, Gallimard, 1997 ; *id.*, *Sécurité, territoire, population*, Paris, EHESS/Gallimard/Seuil, 2004 ; *id.*, *Naissance de la biopolitique*, Paris, EHESS/Gallimard/Seuil, 2004.

5. Il est important pour moi de préciser que la confrontation en question me permet aussi d'éclairer certains aspects de la normativité juridique que sa mise en concurrence révèle et qui ne réside dès lors plus dans sa seule souveraineté.

leur puissance respective et quant aux possibilités de subjectivation de celles et ceux qui sont concernés par ces différents types de normativité ;

- Pour montrer qu'une partie de notre difficulté à penser une politique de la technique (en ce compris à envisager des processus de subjectivation politique à la hauteur des dispositifs techniques qui nous gouvernent) résulte encore et toujours, malgré Foucault, d'une focalisation sur la norme légale et souveraine ;
- Pour éclairer la spécificité d'une situation de concurrence normative, en laissant entendre que l'ultime évolution du marché de type capitaliste consiste à créer un marché de la norme ;
- Et enfin, pour me donner la possibilité de cerner ce à quoi je tiens (et qui globalement nous ferait désormais défaut dans le champ normatif) dans la normativité juridique, au plus loin de sa dépendance au principe de la souveraineté.

Ce faisant, le lien paradoxal du secret à la transparence prendra consistance. Celui-ci sera montré au travers d'une comparaison entre les nouvelles normativités, entre autres techniques, et la normativité juridique, et plus globalement au travers de la comparaison entre un régime de transparence et un régime de publicité.

1. LE SECRET DU MOTEUR DE RECHERCHE

Mon point de départ n'est pas très original – et je ne cache pas qu'il est peut-être devenu trop « noble » pour être encore parfaitement représentatif du champ des nouvelles normativités que je souhaite éclairer sur sa base, mais du moins est-il encore localisable et identifiable. Ce point de départ est le moteur de recherche et plus précisément le secret qui protège les algorithmes qui le font fonctionner. La puissance de l'activité normative à l'œuvre dans ce dispositif est difficilement contestable : elle permet ni plus ni moins que d'organiser et de hiérarchiser la visibilité des différents êtres et de leurs activités, conditionnant de la sorte l'accès que nous avons à ceux-ci. Une telle activité de tri et de hiérarchisation est en tant que telle nécessaire étant donné la masse d'informations nourrissant l'espace communicationnel. On peut à ce titre considérer que le moteur de recherche, avec l'appui dont il bénéficie sur une structure secrète, constitue le principe d'organisation de l'espace public ou communicationnel élargi[6], ce même moteur de recherche participant ainsi à la fois à l'élargissement et à la détermination de cet espace public.

Il n'en reste pas moins que le système permettant d'assurer cette hiérarchisation de la visibilité est lui-même invisible, ou plus justement secret, puisque la suite d'algorithmes faisant fonctionner le moteur de recherche est objectivement protégée par le secret des affaires : certes, une partie de celui-ci (*PageRank*) est connue[7], c'est-à-dire protégée par un brevet, avec les exclusivités que cela induit, mais cet algorithme breveté est lui-même repris dans une suite d'algorithmes plus large connue seulement de l'entreprise Google et par ailleurs évolutive. Bref, les critères de hiérarchisation ou de visibilité de ce qui semble être le nouvel espace public ainsi élargi ne sont pas l'objet du débat public et peut-être ne peuvent-ils pas l'être.

Nous pouvons déjà à ce stade tenter de cerner les justifications de cet état de fait. Par justifications, nous entendons à la fois et sans vouloir les distinguer de manière nette, les principes justifiant ce dispositif qui mêle secret et organisation de l'espace de la communication, les finalités qu'il prétend rencontrer, et les effets qu'il produit. Ma posture n'étant pas celle de l'éthicien, je refuse de distinguer de manière stricte ces trois niveaux de justification, de même que les angles déontologique ou conséquentialiste qui devraient alors consacrer ces différents niveaux de justifications. Sans nier ces types de différences, je préfère m'y référer dans une perspective dynamique qui les juxtapose et les dépasse depuis une analyse qui, je le répète, se concentre sur la nature globale de la normativité à l'œuvre.

6. J'emploie ici ce terme d'espace public ou communicationnel élargi de manière provisoire : les développements proposés ensuite déconstruisent pour une bonne part la possibilité qu'il s'agisse bel et bien d'un espace *public et communicationnel*.

7. Basé sur les liens entrant vers les pages classées ; l'autorité des sources de ces liens entrants étant ainsi elle-même prise en considération.

On peut d'abord, bien entendu, convoquer des principes relevant de la liberté d'entreprendre, de la propriété et de la concurrence non faussée et considérer que le dispositif du secret analysé assure la rentabilité des acteurs qui effectuent la mission d'organiser l'espace public élargi. Il est possible d'amplifier la profondeur d'une telle analyse centrée sur l'intérêt économique des acteurs, en prenant en considération le fait que ce dispositif du secret assure une situation d'équilibre relative entre les intérêts de nature publicitaire au bénéfice de l'entreprise ainsi rendus possibles et l'utilisation gratuite du moteur de recherche par les usagers ; le caractère ciblé des publicités, sur la base des historiques de navigation des usagers, peut à son tour être considéré comme intéressant pour les deux parties. La limite strictement interne d'une telle situation d'équilibre apparaît dans la création de situations monopolistiques nourries par le marché ainsi organisé [8].

On peut cependant aussi convoquer des arguments plus généreux en considérant que ce dispositif du secret vise à assurer globalement et d'un seul mouvement la qualité de l'activité communicationnelle des publiants et la possibilité de leur juste hiérarchisation, sans interférence négative entre ces deux nécessités. Dans ce cas pourrait apparaître un faisceau de justifications qui s'articulera à un niveau déontologique dans une direction habermassienne ou kantienne : le principe de la méta-coordination de la visibilité devrait nécessairement être tenu secret pour produire l'organisation la plus juste et la plus naturelle de l'espace de la communication, par-delà les seules questions de rentabilité. Pour que cette méta-coordination fonctionne de manière optimale, il faut en effet que les comportements de ceux qu'elle coordonne (les publiants) soient spontanés et naturels et non pas stratégiques ou concertés en fonction du principe qui les classera. Le secret est ainsi le garant du caractère naturel des comportements qui ne sont pas et ne peuvent pas être entièrement orientés par un projet stratégique [9]. L'idéal habermassien concrètement élargi par la technique réclamerait le secret en son cœur !

8. Il serait utile ici de relire les pages où Vladimir Ilitch Lénine, en réclamant sa suppression, fait du secret commercial un des socles majeurs du grand capital (*La Catastrophe imminente et les moyens de la conjurer*, 1917).

9. Cardon, D., *La démocratie Internet*, Paris, Seuil, 2010.

Enfin, on peut aussi raisonner, au plus près cette fois de la technique (dans la perspective des *Sciences and Technologies Studies*), en considérant que les médiations techniques qui organisent un espace continu de transparence, où les frontières entre le public et le privé disparaissent, réclament elles-mêmes d'être transparentes. Mais cette transparence est cette fois entendue au sens où le verre est transparent, c'est-à-dire au sens d'invisible, d'imperceptible ou d'insensible, de manière à interférer le moins possible avec cela même que cette médiation rend visible et avec ceux qui ont besoin de l'organisation de cette visibilité. On voit combien une transparence ainsi entendue, qui doit s'accomplir au niveau du design, n'est pas incompatible avec une structure secrète, au sens où le secret est celui de la transparence même telle qu'elle ne cesse d'apparaître devant nos yeux et dans nos usages les plus répétés.

2. TRANSPARENCE *VERSUS* PUBLICITÉ

Je voudrais aller au-delà de ces trois postures, sans m'y opposer ni les opposer mutuellement, pour tenter de mettre au jour une justification ou un effet plus radical encore du dispositif du secret lié au moteur de recherche, à savoir le fait qu'il produit un affaiblissement des possibilités de subjectivation des différents sujets (publiants et usagers du moteur de recherche) que celui-ci gouverne[10] : le secret ou la discrétion des médiations techniques sont paradoxalement constitutifs d'un nouveau régime de gouvernement par la transparence, qui trouve son ressort dans l'évitement des sujets, avec dès lors l'affaiblissement des processus de subjectivation qui en découle. Pour faire apparaître ceci, il convient d'analyser parallèlement l'idée de « transparence » et le principe de « publicité », qui tendent souvent à se confondre dans les discours médiatiques, critiques ou

10. Tout comme j'ai déjà pu montrer que cet affaiblissement était au cœur de la gouvernementalité algorithmique (Berns, Th., & Rouvroy, A., « Gouvernementalité algorithmique et perspectives d'émancipation », *Réseaux*, 177, 2013/1, p. 163-196) : les nouvelles pratiques statistiques par lesquelles nous sommes toujours plus gouvernés (dont le moteur de recherche est la crème) trouvent essentiellement leur puissance (de façon contrintuitive par rapport à l'extrême personnalisation des normes) dans le fait d'éviter les sujets, d'éviter toute forme de frottement avec les sujets, d'affaiblir ainsi toute possibilité de devenir sujet, et ce, en s'accompagnant d'un mythe de l'objectivité.

académiques, pour les distinguer en rappelant la spécificité de la publicité eu égard à une série de déplacements produits par la notion de transparence, avec la teneur injonctive qu'elle comporte. Leur différence pourra pour une bonne part se comprendre depuis le caractère limité[11] de la première et l'illimitation sur laquelle ouvre la seconde :

- La transparence nourrirait le projet d'établir une *visibilité continue* portant sur les personnes réelles, voire sur la totalité du réel en général (lui-même envisagé comme masse de données), par opposition au principe de publicité qui est essentiellement limité et qui porte sur des actes spécifiés, établis comme publics par la loi. En ce sens la publicité recèle un sens politique et trouve toujours son vis-à-vis dans la création ou le respect d'espaces de secret, de liberté de pensée, de vie privée. La publicité conserve donc un rapport distinctif au privé (distinction que méconnait la transparence), et n'est pas illimitée dans son étendue et son application.
- Sur un plan plus instrumental, les politiques de transparence s'inscrivent dans un rapport de différence, voire de *rivalité à l'égard du droit* en général, et des outils qu'il offre. La transparence permet d'agir sans le détour de la loi, en s'appuyant sur d'autres types de norme que la norme juridique (voir ci-dessous), laquelle est toujours à la source d'un régime de publicité.
- Quant à ses *effets politiques*, on pourrait aller jusqu'à dire que la transparence ouvre non pas sur la perspective d'un contrôle et donc d'un élargissement de l'espace de la décision, mais plutôt sur la dilution de cette dernière, et même de toute perspective d'action politique – dilution de l'action et de la décision *dans* le social, dans la réalité.

11. Quant à ce caractère limité de la publicité, rappelons déjà que chez Emmanuel Kant (que ce soit au travers du critère de la pensée élargie dans Kant, § 40, *Critique de la faculté de juger*, Paris, Vrin, 1993, p. 128, ou au travers de *la forme de la publicité* dans *Vers la paix perpétuelle*, trad. fr. F. Proust et J.-F. Poirier, Paris, GF Flammarion, 1991, p. 124-125 et p. 130) elle est toujours l'objet d'un exercice spécifique : comme telle, elle est limitée, dépendante de sa mise à l'épreuve par la raison, aussi monologique que soit cette dernière.

On pourrait à ces trois titres comprendre l'évolution des pratiques normatives les plus contemporaines, parmi lesquelles des normativités techniques, en partant de l'idée qu'elles se déploient globalement toujours plus en s'éloignant du modèle défini par la normativité juridique (la loi), c'est-à-dire en nourrissant un rapport d'immanence au réel, comme s'il suffisait d'exprimer celui-ci. C'est sur ce mode que leur puissance normative agit. Nous passerions ainsi de l'idée que gouverner porte sur le réel, au sens où gouverner, c'est d'abord gouverner *le* réel, vers l'idée que le réel est ce *à partir* de quoi ça gouverne [12].

3. GOUVERNER À PARTIR DU RÉEL

On peut cerner trois grands gestes « primaires » sur la base desquels s'organisent la plupart des dispositifs normatifs contemporains, et qui tous trois témoignent d'un souci d'exprimer le réel et se retrouvent à des degrés divers dans l'action du moteur de recherche : *définir le réel* (dont les exemples les plus évident sont des institutions comme ISO ou le DSM) [13] ; *faire rapport de la réalité* (le *reporting*, avec toutes les possibilités d'évaluation, de classement, d'échange de bonnes pratiques, etc. qui en découlent) ; *donner une expression statistique de la réalité*. Qu'il soit bien clair que ces trois gestes, dans leur apparente retenue, ne font que nourrir une hypertrophie gouvernementale et lèvent toute possibilité de frein à son encontre. Ils permettent de gouverner *sans fin*, dans les deux sens du terme : à la fois, gouverner consiste seulement à suivre le réel sans paraître vouloir lui donner une forme spécifique et gouverner peut dès lors être incessant.

Cette évolution normative confirme et radicalise l'analyse foucaldienne, c'est-dire l'exigence d'une microphysique du pouvoir qui attire l'attention sur le fait que le pouvoir s'exerce plutôt qu'il n'est une propriété souveraine, qu'il se déploie de manière multiple et

12. Sur ce passage, voir Berns Th., *Gouverner sans gouverner. Une archéologie politique de la statistique*, Paris, P.U.F., 2009.

13. Cette activité de définition du réel lui-même doit, me semble-t-il, être radicalement distinguée de l'activité de qualification propre au droit, qui est de nature conventionnelle et strictement interne au droit, ne cachant dès lors pas sa teneur fictionnelle.

hétérogène plutôt qu'il ne se représente de manière unitaire, qu'il agit de manière immanente plutôt que transcendante par rapport à ce sur quoi il porte, et enfin qu'il fait faire quelque chose plutôt qu'il ne réprime et bloque des comportements (avec dès lors la prétention à un surcroît d'efficacité par rapport à la norme juridique). Mais, en plus de ces acquis fondamentaux de la pensée foucaldienne du pouvoir, il faut prendre acte d'une série d'autres qualités inhérentes au pouvoir qui se déploie au travers des nouvelles normativités, qui toutes nous éloignent de la représentation du pouvoir depuis le modèle de la loi. Les nouvelles normativités, qui ont en commun de faire appel à la transparence laquelle, en retour, les infuse de vertu, témoignent :

- d'une réconciliation effective entre le caractère sérialisant (visant le tout, la population) et individualisant (visant chacun dans sa singularité) du pouvoir à l'encontre de la mise en tension de ces deux caractères que la loi doit toujours affronter dans la non-évidence de leur rencontre ; le moteur de recherche est la consécration exemplaire d'une telle réconciliation, au point que devienne proprement insensible et lisse la différence entre ces deux visages du pouvoir ;

- d'une continuité de l'action normative à l'opposé du caractère sporadique de l'action de la loi ; cette continuité repose aussi sur l'adaptabilité de la norme, là où l'action sporadique de la loi était le fait d'une norme pensée dans sa permanence ; cette continuité va aussi de pair avec une tendance à l'expansivité de la norme, qui devient conquérante, toujours ouverte sur des nouvelles populations et des nouveaux usages, là où la loi doit toujours déjà disposer d'un champ d'action dûment délimité ;

- du possible éloignement du nouvel espace normatif eu égard au registre discursif et narratif qui était celui de la loi et du rapport que nous nouons à elle : non seulement la loi est intrinsèquement et explicitement discursive, mais surtout elle suppose et développe en son amont (le débat parlementaire ou les débats militants) et en son aval (le procès judiciaire) un déploiement narratif. Les normes compliquent désormais ce lien au discursif et au narratif :

un algorithme est-il un discours[14] ? Devoir préalablement définir tous les mots que nous employons n'est-il pas paradoxalement le signe d'une sortie du régime de la discursivité ? Le débat sur les normes et leur épreuve dans un espace comme celui du procès ne sont-ils pas ce dont manque actuellement le nouveau champ normatif ?

4. CONSÉQUENCES POUR LA QUESTION D'UNE TRANSPARENCE DE LA TECHNIQUE

Sur la base d'une telle dilution de la publicité dans la transparence et d'une telle évolution de la nature de la normativité, on peut alors dessiner trois grandes conséquences qui radicalisent plus encore l'opposition que nous dessinons entre les nouvelles normativités et la normativité juridique.

- Là où le registre juridique a développé des modalités précises pour questionner la légitimité de ses actes depuis ce qu'il établit ou institue comme étant leur moment « originaire » (la promulgation de la loi, avec la publicité qu'elle réclame, la recherche de ses sources, etc.), les nouvelles normativités brillent au contraire par leur absence de souci pour leur moment d'origine ou d'institution. Elles sont là et agissent indépendamment de tout début, de toute affirmation d'une origine, de tout établissement d'une source et leur puissance ne s'en trouve pas amoindrie mais renforcée[15]. Notons immédiatement que le souci de l'origine qui définirait l'éthos juridique signifie avant tout une

14. Possibilité que je ne ferme pas, loin de là, en adressant une telle question qui ne présuppose pas de substantialiser le discursif : à mes yeux, celui-ci n'est attesté que par les chaînes de reprises et de répétitions dans l'altération, dont accouche et que permet toute norme et tout énoncé, mais qui semblent à ce stade manquer dans le nouveau régime normatif décrit.

15. À ce titre au moins, le moteur de recherche est un exemple plus complexe et plus hybride que la réalité générale que je décris sur sa base : en effet, on peut encore considérer que *PageRank* définit une sorte de forme originaire, dont l'esprit continue d'agir dans le moteur de recherche (au même titre qu'une des modalités du rapport que le juridique noue à son origine est celle de l'esprit de la loi).

capacité à instituer voire à fictionner ses origines, de même que la source d'un droit n'est pas son origine mais est toujours établie par celui-ci[16]. Il ne s'agit pas du tout d'une obsession pour une origine pure et donnée : c'est à ce titre que la discursivité lui est d'ailleurs essentielle ; dès lors que l'origine n'est pas simplement donnée ni disponible, il faut se la donner, bref le droit est un art, un art qui fabrique de la fiction !

- Là où le registre juridique comprend la possibilité de la désobéissance au point de la prévoir et d'en cerner les conditions et sanctions au sein-même de la loi, les nouvelles normativités non seulement ne prévoient pas une telle possibilité, mais on peut même dire qu'elles rendent impossible la désobéissance : si les normes se présentent désormais comme ce qui émerge du réel, et plus encore du réel le plus propre à celui que la norme vise, alors désobéir devint schizophrénique. Mais au sens strict, l'obéissance est elle aussi compromise – elle devient narcissique. Par quoi remplacer ce registre de l'obéissance et de la désobéissance ? Quelque chose qui s'apparenterait au « suivre » – tel est en tous cas la question à laquelle il s'agirait de s'atteler pour déterminer les modalités d'une résistance adéquate.

- Enfin et surtout, là où la norme juridique se pense dans sa visibilité – elle est publiée, elle est classée dans des codes, nul n'est censé l'ignorer, même sa désobéissance doit être sanctionnée publiquement, etc. – les nouvelles normativités sont fondamentalement discrètes, voire invisibles : une norme efficace est une norme qui n'apparaît même pas (et à ce titre échappe essentiellement au débat).

Il me semble qui si on voulait envisager une transparence de l'objet technique qui l'inscrive dans le débat politique, cette transparence – qui serait alors sans doute plus sa publicité et qui pourrait se développer sous la forme d'une explicabilité exigente des normes techniques – devrait s'inspirer, quitte à les réinterpréter, de ces trois aspects fondamentaux propres à la sphère juridique : le souci de

16. Goltzberg, S., *Les sources du droit*, Paris, P.U.F., 2013.

l'origine entendu comme moment de l'institution, la possibilité de la désobéissance et la visibilité [17].

Or l'efficacité des nouvelles normativités, en ce compris des normativités techniques, s'accomplit dans leur invisibilisation, qui n'est que la combinaison des caractéristiques déjà listées : immanence, continuité, non-discursivité, dilution de l'origine, absence de possibilité de désobéissance…. C'est ce qui est exemplairement relayé par la littérature de la Commission européenne :

> La plupart des biens et des services dont nous disposons aujourd'hui sont soumis à des normes, ce dont on ne se rend généralement pas compte. Telles des forces invisibles, les normes veillent au bon ordre des choses [18].

Surtout, c'est ce qui doit absolument être questionné à propos d'un des dispositifs contemporains les plus ambitieux et les plus centraux, à savoir le moteur de recherche, qui renforce voire institue son invisibilité par le secret.

5. UN MARCHÉ DE LA NORME OU UN VÉRITABLE PLURALISME NORMATIF ?

Le panorama normatif que nous avons dessiné, avec, en son cœur, une tension entre *une* normativité qui trouve son modèle dans la loi (et se pense selon ce modèle, c'est-à-dire, plus profondément encore, qui est l'objet d'une pensée et d'une tradition !) et *des* nouvelles normativités qui s'émancipent de ce modèle et se légitiment par leur lien au réel, découle peut-être aussi de l'ultime avancée du marché : la production d'un marché de la norme, dans lequel tous seraient toujours pris, décideurs aussi bien qu'usagers. Cette mise en concurrence des normes (parmi lesquelles la norme

17. Et sur cette base (en remontant dès lors dans la lecture de cet article), nous verrions se « compliquer » alors la parfaite insensibilité du passage du niveau sérialisant au niveau individualisant ; nous introduirions de la discontinuité dans la norme et freinerions son expansivité ; nous produirions un retour de la norme dans le champ discursif.

18. Communication de la Commission au Conseil européen, « Intégration des aspects environnementaux dans la normalisation européenne », *in* COM (2004)130 final, Bruxelles, 25 février 2004, p. 3, https://eurlex.europa.eu/LexUriServ/LexUriServ.do?uri=COM:2004:0130:FIN:FR:PDF, consulté le 29 décembre 2022.

juridique, qui n'apparaîtrait plus que comme une option normative parmi d'autres), dans leur exercice et leur efficacité, est en tant que telle une atteinte à la norme juridique avec l'idée d'un monopole de l'espace normatif qu'elle brassait. En disant cela, nous ne faisons pas le procès de la mise en danger de ce monopole au profit d'un pluralisme normatif, mais nous insistons sur l'utilité de certaines qualités de la normativité juridique qui devraient continuer d'irradier dans une situation de pluralisme normatif.

Si une telle hypothèse d'un nouveau marché de la norme est crédible, alors il faut évidemment analyser bien plus en avant la question de la discrétion qui protège les nouvelles normes : en effet, le marché qui se dessine est tout particulier, et on comprend que c'est précisément la visibilité de ce marché qui peine à apparaître, en rendant impossible l'émergence d'un véritable pluralisme normatif. En quelque sorte, ce marché mettrait face à face d'une part une norme légale, visible, mais accompagnée de la conviction qu'il ne peut y avoir de marché, et d'autre part de nouvelles normes multiples, donc porteuses de la possibilité d'un marché, mais discrètes, c'est-à-dire ne cessant de (se) cacher (dans) ce marché ! C'est donc un faux marché, un marché invisible, nié par les uns qui le refusent, et caché par les autres qui y participent. Ou alors, c'est précisément là le révélateur de l'asymétrie propre à tout marché : jamais de véritable face à face, mais plutôt une partie de poker menteur, que la question du secret permet au minimum de rendre visible.

Autrices et auteurs

EMMANUEL ALLOA est professeur ordinaire en esthétique et philosophie de l'art à l'Université de Fribourg. Ses recherches portent notamment sur la pensée contemporaine, l'esthétique et la théorie du visuel, la phénoménologie française et allemande, la philosophie sociale, la théorie des médias et l'histoire des techniques. Parmi ses dernières publications : *Penser l'image* (3 vol.), dir. (Presses du réel 2010-2017), *Transparency, Society, Subjectivity. Critical Perspectives* (codir. avec D. Thomä, Palgrave, 2018), *Partages de la perspective* (Fayard, 2020), *Looking Through Images. A Phenomenology of Visual Media* (Columbia UP, 2021).

SEDDIK BENLAKSIRA, titulaire d'un master de littérature de l'Université Jean-Monnet Saint-Etienne, est actuellement doctorant de la chaire « éthique & IA » de l'Université Grenoble Alpes en sciences de l'information et de la communication (Gresec) et en éthique (IPhiG). Ses recherches portent sur la question du genre comme enjeu pour éthique pour le *machine learning.*

THOMAS BERNS est professeur de philosophie politique à l'Université de Bruxelles. Spécialiste de la Renaissance et philosophe du politique, du droit et des normes au sens large, il est entre autres l'auteur de *Gouverner sans gouverner. Une archéologie politique de la statistique* (P.U.F., 2009) et *La guerre des philosophes* (P.U.F., 2019). Ses travaux actuels portent sur les nouvelles formes de normativité et sur les tensions qu'elles dessinent avec la normativité juridique.

BENOÎT DUCHEMANN est doctorant en Philosophie et Histoire des Sciences au laboratoire SPHere, UMR7219, Université de Paris. Il est aussi ingénieur de l'École Centrale de Lyon avec une spécialisation en Intelligence Artificielle. Il organise le séminaire PHiS IA (Philosophie, Histoire et Sociologie de l'Intelligence Artificielle) à l'Université de Paris. Sa thèse a pour sujet les enjeux relatifs à l'implémentation dans le système de santé de systèmes d'aide au diagnostic basés sur des réseaux de neurones.

TYLER REIGELUTH, maître de conférences en philosophie à l'Université Catholique de Lille (ETHICS EA 7446) détient un Master en Sciences politiques et un Doctorat en Philosophie de l'Université Libre de Bruxelles. Sa thèse de doctorat a porté sur la question du comportement comme enjeu normatif dans le développement du *machine learning*. À la croisée de la philosophie des techniques et de la philosophie politique, ses travaux portent sur les enjeux éthiques et sociaux liés au déploiement des technologies d'intelligence artificielle. Plus récemment, il a approfondi un intérêt pour les rapports entre éducation, apprentissage et technique à l'ère de l'IA. Il a publié avec Thomas Berns, *Éthique de la communication et de l'information. Une initiation philosophique en contexte technologique avancé* (PUB, 2021).

ÉGLANTINE SCHMITT est docteure en philosophie des sciences de l'Université de technologie de Compiègne. Spécialiste des questions d'analyse et de visualisation de données, elle a travaillé chez de multiples éditeurs de logiciel où elle fait le lien entre les besoins concrets des usagers et les solutions techniques qui peuvent y être apportées.

PEGGY TOUVET a une double formation en philosophie des sciences et en anthropologie. Elle s'engage d'abord dans la formation : enseignante en philosophie en lycée, puis en épistémologie à l'université (Paris 7), responsable d'une IDEFI de l'Université Paris-Est, responsable des Humanités à l'Université de technologie de Troyes, présidente de la Commission formation de la ComUE Université de Champagne. Elle est enseignante à l'UTT depuis 2014, en épistémologie et philosophie des sciences et des techniques. Elle achève une thèse de doctorat à l'École Normale Supérieure de Paris, qui articule théorie de la connaissance et philosophie de la technologie.

MICHAEL WHEELER est Professeur de philosophie à l'Université de Stirling. Ses intérêts de recherches principaux sont la philosophie de la science (surtout les sciences cognitives, la psychologie, la biologie et l'intelligence artificielle) et la philosophie de l'esprit. Il est aussi intéressé par l'interfaçage entre les traditions philosophiques analytique et continentale. Il a publié extensivement sur la nature et les perspectives de la cognition dite 4-E (*embodied-embedded-extended-enactive*), avec une attention particulière pour les couplages subtiles et complexes qui associent technologies et êtres humains et qui transforment, améliorent ou parfois entravent les performances cognitives.

Table des matières

Achevé d'imprimer en juillet 2023
sur les presses de
La Manufacture - Imprimeur – 52200 Langres
Tél. : (33) 325 845 892

N° imprimeur 230564 - Dépôt légal : août 2023
Imprimé en France